CHANSONS

CHOISIES

E M. DE PIIS.

CHANSONS

CHOISIES

E M. DE PIIS,

NÉES DU PORTRAIT DE L'AUTEUR.

TOME SECOND.

PRIMERIE DE BRASSEUR AINÉ.

A PARIS,

EZ LÉOPOLD COLLIN, LIBRAIRE,
RUE GIT-LE-COEUR, N°. 4.

1806.

CHANSONS

CHOISIES

DE M. DE PIIS.

MA PROFESSION DE CONSTANCE.

AIR : Plaignez le sort, etc.

PLAIGNEZ le sort d'un pauvre voyageur,
Sans nul espoir errant dans cette ville :
Quand vos appas lui demandent son cœur,
Ce cœur constant se rappelle Lucile.

Quel triste aveu! vous pourriez m'enflammer;
Mais avant vous je connus cette belle :
Puisqu'en l'aimant je n'ose vous aimer,
J'aurais pour vous de même été fidèle.

L'ÉLOGE DU GRAND JOUR

A UN PARTISAN DU PETIT.

AIR : *Cœurs sensibles, cœurs fidèles.*

Maître Young, rêveur crédule,
Aimait la lune et la nuit;
La brune et le crépuscule
Sont tout ce qui vous séduit:
Mais, je le dis sans scrupule,
Moi je préfère à mon tour
Le soleil et le grand jour.

Et d'abord parlons des dames;
Le reflet de vingt flambeaux
Leur permet souvent des trames
Qui dupent messieurs les sots:
Il n'est point de belles femmes
Que celles qui, sans détour,
Sont belles au plus grand jour.

Sein trompeur, mouchoir qui triches,
Sourcils du matin éclos,
Rouge et blanc, couleurs des riches,
Faux chignons, dents à pivots,
Adieu vos charmes postiches,
Quand l'œil perçant de l'Amour
Vous examine au grand jour.

Faut-il donc que l'on condamne
A des verroux éternels
L'impudente courtisane
Qui vend des plaisirs mortels?
Un commerce aussi profane
Tomberait dans ce séjour
S'il n'avait lieu qu'au grand jour.

Hélas! c'est lorsque l'aurore
Argente le haut des toits,
Ou c'est vers la brune encore
Que l'assassin court les bois :
Son poignard cruel ignore,
Pour le repos d'alentour,
L'art de frapper au grand jour.

Au fat qui s'en accommode,
Dans un magasin bien noir,
Le fripier vend par méthode
Un habit qu'il ne peut voir :
Mais dans un frac à la mode
Voulez-vous avoir bon tour,
Prenez l'étoffe au grand jour.

Tel auteur se croit sublime
Pour avoir dans un soupé
Lu des vers où par la rime
Le sens est vingt fois coupé :
Mais obtiendrait-il l'estime
De la ville ou de la cour
S'il les mettait au grand jour ?

Quand un peintre avec mystère
Veut me montrer ses tableaux,
Crac ! d'une main téméraire
Je r'ouvre tous les rideaux ;
Et des effets de lumière,
Pour lui jouer un bon tour,
Je ne juge qu'au grand jour.

L'assiégé craint la surprise
Tant qu'un demi-jour douteux
Encourage et favorise
L'assiégeant plus hasardeux :
Mais combien il le méprise,
Tranquille au haut de sa tour,
Lorsqu'arrive le grand jour!

Si la nuit par sa tristesse
Est l'image de la mort,
A l'enfance, à la vieillesse
L'aube et le soir ont rapport :
Mais l'éclat d'une jeunesse,
Fraîche et vive tour à tour,
Ne ressemble qu'au grand jour.

PÉGASE RAMENÉ PAR L'AMOUR.

AIR : *On compterait les diamans.*

FIER d'avoir autrefois porté
Boileau, Molière et La Fontaine,
Pégase errait en liberté
Sur les rives de l'Hypocrène.
Près de lui m'étant arrêté,
Je disais tout bas : « Quelle honte
« Qu'il ne soit pas encor dompté
« Depuis tant de tems qu'on le monte!

Aussitôt je saute à ses crins,
Et, malgré son regard farouche;
Subtilement je le contrains
A souffrir un mords dans sa bouche.
« Ce n'est point pour gêner tes pas,
« Lui dis-je, que je te le donne;
« C'est qu'avec moi je ne veux pas
« Que tu puisses mordre personne. »

Puis lui mettant la selle au dos,
J'en fais descendre en parallèle
Deux étriers des plus égaux,
En ajoutant : « Point de querelle;
« C'étaient trois fameux écuyers
« Que Jean, Despréaux et Molière!
« Mais sans selle et sans étriers
« Moi je serais bien vîte à terre. »

Au seul mouvement du bridon
Il rue, il écume, il frissonne...
Dans un vaste caparaçon
Sans plus tarder je l'emprisonne.
« Ami, lui dis-je, dans ce tems
« Tu sais quel chaud règne au Parnasse;
« Par les maringouins dévorans
« On est piqué dès qu'on y passe.

« Tu veux partir; hé bien, partons...
« La, la, que ton ardeur s'appaise...
« Nous resterons dans les vallons;
« Beau coursier, n'en prends qu'à ton aise.

« J'aperçois Lafare et Chaulieu,
« Patrons de la gaité française ;
« Atteignons-les ; je te fais vœu
« De ne point trotter à l'anglaise. »

J'allais chantant ; l'air était frais,
Pégase doublait son allure ;
Nous allions sortir des marais,
Tout me semblait d'un bon augure :
Tout à coup j'entends des crapauds
Croasser au fond de la fange,
Et je vois du sein des roseaux
Sortir une figure étrange.

Sa langue est un dard de serpent ;
Elle a les oreilles velues,
Le dos bien large, l'œil perçant ;
Ses doigts sont des griffes aiguës ;
Pour fuir plus vîte en certain cas
Elle a les deux pieds d'un satyre...
Pégase en me jetant à bas
Se cabra devant la Satire.

Un enfant passait par hasard,
Et fut témoin de ma disgrace.
De tourner Pégase à l'écart,
Qui le croirait? il eut l'audace.
L'œil étincelant de fureur,
Hérissant sa longue crinière,
Pégase, encor saisi d'horreur,
Recule au fond d'une bruyère.

Notre marmot, presque entraîné,
Le retire alors par la bride :
D'un air doux, mais déterminé,
A revenir il le décide;
Il passe sur son col fumant
Une petite main bénigne,
Et de l'autre, en me souriant,
De m'approcher il me fait signe.

Je l'aborde en tremblant toujours,
Et reconnais à son visage
Le prince enjoué des Amours.
« Ah! dis-je alors avec courage,

« La Satire aura beau crier,

« Plein du nouveau feu qui m'embrase,

« Puisqu'Amour me tient l'étrier,

« Je remonterai sur Pégase. »

A MA FEMME

qui voulait savoir le passé.

Aix : Ah ! pauvre Lise, quelle est ton erreur !

Tu me dis d'établir
Une liste complette
Des myrtes qu'en cachette
Paris m'a vu cueillir :
  Mais de la Seine
 Le dieu m'en voudrait
Si la Samaritaine
Prônait un tel secret.

Je t'allais sans façon
Confier quelques-unes
De mes bonnes fortunes
Dans le pays gascon :
  Mais la Garonne
 Vient de m'avertir
De ne citer personne,
Dans la peur de mentir.

Sur vos bords enchantés,
Durance, Yonne et Loire,
(Ce n'est pas à ma gloire)
J'ai trahi trois beautés;
    Mais c'est l'histoire
  D'un âge emporté :
Roulez-en la mémoire
Dans le fond du Léthé.

De Dôle à Besançon
Une prude majeure
Voulut de trop bonne heure
Me mettre à la raison.
    A la promesse
  D'être son époux,
Je joignis mon adresse
Sur les sables du Doubs.

Entre Sainte et Chânier
Cidalise, plus sage,
  N'agréa mon hommage
Que sur ses peupliers :

Sur la Charente
Sa main, un beau jour,
Chassa la barque errante
De mon volage Amour.

Que de sermens en l'air
J'ai faits près de la Saône,
Sur les rives du Rhône,
De la Vienne et du Cher !
   A pleines voiles
  J'ai vogué sur mer,
Comparant aux étoiles
Madame de Saint-Clair.

Et j'en voulus conter
A des suissesses fraiches ;
Mais leurs vertus revêches
Ont bien su m'écarter :
   Sans espérance,
  Petit à petit,
Près du lac de Constance
Mon amour s'endormit.

Tel a sans doute été
Mon printems à Cythère;
Mais l'hymen salutaire
A calmé mon été :
    Marne paisible,
  Le long de tes flots
Avec femme sensible
J'ai trouvé le repos. (1)

Pourtant, j'en conviendrai,
Quoiqu'à l'hymen fidèle,
Il est mainte pucelle
Que je trouve à mon gré :
    Ta crainte est vaine;
  Ce sont les neuf Sœurs
Dont près de l'Hypocrène
Je brigue les faveurs.

---

(1) J'habitais alors le village de Chennevières-sur-Marne.

L'ENNEMI DES CACHEMIRES.

Air : La lumière la plus pure.

ZÉMIRE, Elmire et Thémire,
Vous dont chacun suit les pas,
Vous l'unique point de mire
Des beaux bals, des grands repas,
En honneur je vous admire ;
Mais vous ne devriez pas
Dans un vaste cachemire
Ensevelir vos appas.

Si Minerve en ses alarmes
Vous a dit furtivement
De nous voiler certains charmes
Qu'amour met en mouvement,
Pour contenter son scrupule,
Sans attrister votre cour,
Prenez des fichus de tule,
De gaze et de point à jour.

D'ailleurs, ces *schalls* si solides,
Que vous portez à l'envi,
A des *Arabes* perfides
De ceinture ils ont servi.
Ah! de ces tissus profanes,
Comme à mon tour je rirai
Si le goût des *caravanes*
Par eux vous est inspiré!

LES FAGOTS.

1796.

AIR : *Chantez, dansez, amusez-vous.*

Sous la voûte de l'univers
Depuis que notre espèce habite,
Que de fagots, en prose, en vers,
Matin et soir elle y débite!
Ces fagots n'étant pas égaux,
Nous avons fagots et fagots.

Si tant de préjugés d'accord
Ont troublé le repos du monde,
C'est que la morale d'abord
En fagots sacrés fut féconde.
Ces fagots n'étant pas égaux,
Nous eûmes fagots et fagots.

N'a-t-on pas vu Machiavel,
Et mille écrivains tyranniques,
Au travers du droit naturel
Lancer des fagots politiques?

2 *

Ces fagots n'étant pas égaux,
Nous eûmes fagots et fagots.

La médecine eut ses fagots,
Aussi bien que l'astrologie;
Mais quels fagots que les fagots
Du grand œuvre et de la magie!
Ces fagots n'étant pas égaux,
Nous eûmes fagots et fagots.

L'orgueil inventa du blason
Les divers fagots chimériques;
Et l'on étouffa la raison
Sous certains fagots scholastiques.
Ces fagots n'étant pas égaux,
Nous eûmes fagots et fagots.

Du globe entier soyez bannis,
Inquisiteurs couverts de crimes!
Combien sur vos fagots bénis
Vous immolâtes de victimes!
Sensible aux cultes inégaux,
Mon Dieu ne veut d'aucuns fagots.

Il n'est pas de poëte amant
Qui ne décoche, d'un air bête,
Au tendre objet de son tourment
Des fagots de myrte à la tête ;
Et cent almanachs, presque égaux,
Compilent ces tristes fagots.

Pour nourrir le feu des partis
Que de fagots secs ils nous jettent
Tous ces journaux, grands ou petits,
Qui sont en vogue ou qui végètent !....
Par leur intolérance égaux,
Ils vendent fagots et fagots.

Quant au Vaudeville *motus ;*
A l'indulgence il peut prétendre ;
Car s'il a des couplets pointus,
Qu'on ne sait trop par quel bout prendre,
C'est que ce sont des traits moraux
Qu'il cache parmi ses fagots.

L'AMOUR LIBRAIRE.

Air : Philis demande son portrait.

Quels métiers n'a pas faits l'Amour
   Depuis qu'il est sur terre !
Peintre et médecin tour à tour,
   Robin et militaire,
On l'a vu même en capuchon
   Courir le monde et plaire :
Croiriez-vous bien que le fripon
   Est à présent libraire ?

Il vend Sapho, Bion, Moschus,
   Anacréon, Tibulle,
Horace, Properce, Gallus,
   Jean second et Catulle :
Il ne tient à la vérité
   Qu'un chant de l'Enéide ;
Mais il met sa félicité
   A livrer tout Ovide.

Voltaire en face de Chaulieu
  Près du bon Jean repose :
Molière et Racine au milieu
  Sont sur du bois de rose :
Dorat, Pezai, Gessner, Bernard,
  Bertin, Parny, Chapelle,
Imbert, Florian, Léonard
  Sont rangés sur une aile.

Chez lui point de roman bavard,
  De drame léthargique :
Quinault, Piron, Collé, Favart
  Décorent sa boutique.
Du Vaudeville né français
  Bravant les froids critiques,
Il favorise le succès
  Des étrennes lyriques.

D'entrer chez ce joli marchand
  Lise eut hier envie.
Monsieur, lui dit-elle en tremblant,
  Je n'ai lu de ma vie ;

Pour choisir un livre en ce lieu
  Le hasard seul m'amène.
« Je vous entends, lui dit le Dieu,
  « Et voici La Fontaine.

« Ses vieux vers sont toujours nouveaux
  « Pour les beautés novices :
« Croyez que des yeux aussi beaux
  « Lui doivent leurs prémices :
« Ils y pourront voir à profit
  « Cent histoires gentilles,
« Et vous saurez comment l'esprit
  « Vient tout à coup aux filles. »

De ce volume curieux,
  Las ! les feuilles rebelles,
Quatre par quatre, et deux par deux,
  Tiennent encor entre elles :
Contre l'Amour en ce moment
  Lise tout bas murmure ;
Sa main va précipitamment
  Diviser la brochure.

C'est où le malin Cupidon
    Attendait l'innocente :
Vîte il l'arrète et lui fait don
    D'une flèche tranchante.
« Lise, vos doigts trop indiscrets
    « Déchireraient la page ;
« C'est de la pointe de mes traits
    « Qu'il vous faut faire usage. »

Pauvre Lise, je m'aperçois
    Que ta main n'est pas sûre ;
N'ouvre qu'un feuillet à la fois
    Pour le lire à mesure.
Lise veut dans sa vive ardeur
    En couper davantage,
Et le trait va percer son cœur
    En glissant de l'ouvrage.

LA RÉFORME DU NOM DE BAPTÊME

Air : De tous les capucins du monde.

Ne parlons point d'Adélaïde;
Ce nom rime trop à perfide :
Parlons d'Adèle bien plutôt...
Est-il un nom plus doux qu'Adèle?
Pour moi j'espère que ce mot
Rimera toujours à fidèle.

MES ADIEUX A BORDEAUX,

ROMANCE.

Air nouveau de M. de Piis.

Las ! j'avais du bonheur
Conçu des espérances ;
Mais mon sensible cœur
En est pour ses avances.
Les femmes, tour; àtour,
Affectant un air tendre,
Inspirent de l'amour,
Et n'en veulent pas prendre.

Si beaux que soient vos yeux,
Cloris, on sait y lire :
Vous êtes dans vos feux
Légère ; et c'est tout dire.
En voulant m'enflammer,
Quel plan serait le vôtre ?
Vous ne sauriez m'aimer
Sans en aimer un autre.

Ici de m'hiverner
Je sens qu'il serait rude ;
Il me faut regagner
Mon humble solitude :
Là j'aurai pour tout bien,
Sans regretter les belles,
Mes livres et mon chien
Qui me seront fidelles.

L'AMOUR

MIS EN NOURRICE CHEZ L'ESPÉRANCE.

AIR : Avec les jeux dans le village.

Pour nourrir son fils elle-même
Vénus aime trop son plaisir :
D'ailleurs, Mars la trouve un peu blême,
Et ne veut pas y consentir.
Vingt déesses en concurrence
Demandent son fils tour à tour,
Et c'est, ó ciel ! c'est l'Espérance
Que l'on charge du tendre Amour.

L'Espérance a fort bonne mine ;
Son œil est creux, mais animé :
Elle cache sa taille fine
D'un manteau vert, d'or parsemé :
Elle sourit à tout le monde,
Et ne fait pas payer bien cher
Le doux lait dont son sein abonde ;
Il est vrai qu'il est un peu clair.

Quand elle vient du ciel en terre
Elle fait jaillir des rayons
Jusque dans la moindre chaumière,
Dans les palais... dans les prisons.
Malheur au mortel qui l'adore
S'il croit la trouver au besoin !
Pour moi dans le char de l'Aurore
Elle m'a promené bien loin !...

Voyons dans son enclos céleste
Comme elle élève Cupidon...
Il tète peu... très-peu... du reste
On l'endort par mainte chanson :
Le pauvre enfant, à la mamelle
Bravant ces refrains superflus,
Bâille, bâille, bercé par elle ;
Mais il n'en repose pas plus.

L'âge fait naître la malice ;
Un beau matin sur son séant
Il lorgne à dessein sa nourrice,
Qui lui sourit en s'éloignant :

De son berceau sur la fougère
Il saute et s'apprend à marcher;
Mais, las! dans ce lieu solitaire
Quel objet pouvait l'attacher?

Ce sont d'immenses avenues
Dont l'œil n'atteint jamais le bout,
Où les desirs, fondant des nues,
Viennent vous éblouir partout;
Et, semblable à la sensitive,
La moindre fleur de ce réduit,
Attrayante, mais fugitive,
Trompe le doigt qui la poursuit.

L'Espérance, toujours errante,
Pour fixer depuis mon lutin
Renversa son ancre pesante,
Et la planta dans son jardin.
Le tendre Amour dans sa lisière
Vit passer ce double crochet:
Les dents lui vinrent de colère...
Et l'ancre alors fut son hochet.

Vénus vola vers ces retraites...
Or la nourrice avait été
Conduire un troupeau de poètes,
Là bas vers l'immortalité.
Voyant sa mère, Amour débile,
Pour l'embrasser veut faire un pas;
Mais autour de l'ancre immobile
Il tourne en lui tendant ses bras.

Aux cris du fils et de la mère
L'Espérance arrive à la fin:
Elle avait, c'est son ordinaire,
Laissé son bétail en chemin.
D'avoir mis l'Amour à l'attache
Devant Cypris elle rougit;
De ses deux mains elle se cache,
Et son genou tremblant fléchit.

Madame, je vous le retire,
Dit Vénus; c'est un parti pris:
Les suites d'un pareil martire
Donneraient la mort à mon fils;

De mon lait, pour qu'il en revienne,
Nuit et jour je vais l'enivrer:
J'aurai soin qu'on vous le ramène
Alors qu'il faudra le sevrer.

LA DOUBLE PALME.

Air de Joconde.

Sur ton chapitre, ami François,
   Il faut que je m'explique :
Peintre et poète avoir des droits
   A l'estime publique !
Cela, ma foi, passe le jeu...
   Tu t'y prends de manière
A joindre au pinceau de Chaulieu
   Celui de Largillière.

Les jaloux diront en secret
   Qu'à tort je m'extasie ;
Mais j'ai vu de toi maint portrait
   Brillant de poésie ;
Et, lisant tes écrits divers
   Dictés par la nature,
J'ai vu refléter sur tes vers
   L'éclat de la peinture.

Phébus, Comus, Bacchus, Vénus
    Ont pour toi mille charmes ;
Mais à ces déités en *us*
    Qui ne rendrait les armes ?
Phébus nous fait aimer les arts ;
    Comus la bonne chère ;
Bacchus vingt différens nectars
    Vénus une bergère.

L'intérêt ne te guide pas ;
    Ta gloire en est plus sûre :
Pourtant lorsque du lourd Midas
    Tu traces la figure,
Pour te dédommager, ami,
    D'un aussi triste ouvrage,
Cent fois en or d'un roi chéri
    Qu'il te donne l'image.

Mais lorsque Thérèse au teint frais
    Un beau matin seulette
Voudra, sans trop se mettre en frais,
    Exercer ta palette,

Ébauche d'abord ses attraits;
  Puis fais-lui sans rien craindre
Une chanson, et puis après
  Achève de la peindre.

Apollon d'un double sommet
  Couronna le Parnasse :
Autour du dieu chacun se met
  Pour briguer une place;
Et tu fais, pieux importun,
  Si bien le bon apôtre,
Qu'il te laisse rimer sur l'un,
  Et peindre après sur l'autre.

LES TORTS DE LISETTE.

AIR : *Triste raison, j'abjure ton empire.*

LISETTE avait quinze ans, pas davantage,
Et d'un oiseau Lisette s'amusait :
Pudeur naïve ornait son beau visage,
Lisette alors sans le chercher plaisait.

Pour ses vingt ans et ses appas sans nombre
Lisette vit que Colin s'enflammait,
Et s'égara dans un bocage sombre...
Lisette alors de tout son cœur aimait.

Mais si Colin ne s'occupait que d'elle,
D'autres déjà Lisette s'occupait :
Brûlant d'amour, Colin restait fidèle,
Et sans pitié Lisette alors trompait.

Que fit Colin quand il sut sa disgrâce?
Il s'en vengea dans les bras de Cloris.
Lise eût voulu des regrets, mais en place
Colin, trop fier, lui donna du mépris.

Oui, c'est à tort que le sexe volage
Par ses amans se plaint d'être attrapé ;
Son infortune est bien son propre ouvrage :
Il plait, il aime, il trompe... il est trompé.

LES RATS DU PETIT CHATELET DE PARIS,

démoli en 1782.

Air des folies d'Espagne.

IL est détruit ce Châtelet go'hique
Où tant de gueux étaient nourris pour rien ;
Ce châtelet qui , selon la chronique,
Datait du tems de l'empereur Julien.

Ce'noir cachot, masse informe de pierres,
Ne choque plus l'œil du Parisien.
Vous le vantiez pourtant à nos grands-pères,
Dubreuil, Sauval, Malingre et Félibien. (1)

Je vais apprendre à la race future
(Si toutefois à lire elle se plaît)
La merveilleuse et bizarre aventure
Qui se passa tandis qu'on l'abattait.

____

(1) Historiens des antiquités de Paris.

De ses débris on vit un beau dimanche
Sortir en corps mille rats désolés:
Par un seul chef, dont la barbe était blanche,
Au marché Neuf ils furent assemblés.

« Du Châtelet, leur dit-il, on vous chasse;
« Mais l'air était mauvais dans ces cantons:
« Si dans vos cœurs il reste un peu d'audace,
« Partagez-vous en quatre pelotons.

« Vous, parcourez les châteaux du royaume,
« Et dévorez les titres fastueux
« De tout seigneur qui, fier d'un vain fantôme,
« N'a que le nom de ses vaillans aïeux.

« Vous, pour logis choisissez la demeure
« Des bijoutiers, teinturiers et tailleurs.
« Il faut des rats, quand on veut, à toute heure,
« Changer les goûts, la mode et les couleurs.

« Vous, dirigez les amours des actrices,
« Et les arrêts portés par les acteurs:
« Vous deviendrez gras dessous les coulisses
« (Comme eux dessus) aux dépens des auteurs.

« Vous, s'il vous plaît de vivre de libelles,
« De drames noirs et d'opéra nouveaux,
« Aux épiciers soyez toujours fidèles ;
« Il leur en vient depuis peu par ballots. »

Le chef se tut, et les rats applaudirent,
Car ses conseils avaient force de loi ;
Mais sur-le-champ d'une voix ils lui dirent :
« Et vous, papa, quel sera votre emploi ? »

« Ah, mes enfans ! on s'amende à mon âge, »
Leur répartit le vertueux barbon :
« Dès le berceau j'ai troué maint fromage,
« Pris force lard, et percé maint jambon.

« Ce n'est pas tout : depuis j'ai souvenance
« Qu'au Châtelet, de caveaux en caveaux,
« J'ai bu dix ans de l'huile de Provence
« Chez un voisin, à même ses tonneaux.

« Ce n'est pas tout : des filoux sur la paille
« Pendant la nuit j'ai dérobé le pain.
« Enfin... enfin... il est juste que j'aille
« Me recueillir, et châtier ma faim.

« On m'a parlé d'un journal littéraire,
« Par feu Fréron jadis bien rédigé.
« Depuis sa mort on dit qu'il dégénère,
« Et qu'Apollon veut en être vengé.

« Quoique le fiel y coule à chaque page,
« A belles dents je le déchirerai :
« Chaque semaine il ronge un bon ouvrage,
« Et chaque jour moi je le rongerai.

« Cet aliment, amer et froid je pense,
« Pour moi pécheur vaudra la mort aux rats;
« Mais vous jugez par cette pénitence
« Si j'ai commis de graves attentats!... »

LE BARBET INTELLIGENT.

AIR : Frère Amour en capuchon.

On a dans ce siècle d'airain
Encor l'ame compâtissante,
Témoin Barbe la gouvernante
De feu Lorry le médecin,
Qui, trouvant au coin d'une rue
Un petit barbet expirant,
  Dans son tablier sanglant
    L'emporta toute émue.

Barbe disait chemin faisant :
« Tâche de mériter mon zèle,
« (C'est Favori que je t'appelle)
« Et tu guériras promptement.
« Mon cher maître est des plus honnêtes :
« Il a sauvé mon grand cousin
« Et Mondor notre voisin ;
« Il doit sauver les bêtes. »

4 *

Or, d'après sa narration
Le fameux Lorry, d'un air tendre,
Lui dit : Je veux bien l'entreprendre
A ta considération ;
Mais il y faudra du mystère,
Sinon tu me compromettrais,
  Et le fameux (1) Lyonnais
    Me ferait une affaire.

Quand Barbe eut promis le secret,
Avec une petite éclisse
Le docteur redressa la cuisse
De notre infortuné barbet.
A la diète la plus austère
Barbe le força par degré,
  Et lui fit, bon gré, malgré,
    Endurer maint clystère.

A la fin le voilà sur pié,
Parlons correctement... sur patte.
Par une pâte délicate
Barbe le refait de moitié.

---

(1) Médecin de chiens.

Mais, hélas! pour suivre une chienne
Trois jours après, ô trahison!
  Il déserte la maison,
    Courant à perdre haleine.

« Non, je n'en saurais revenir,
S'écriait Barbe désolée:
« Comme il vous a pris sa volée
« Dès qu'il a pu se soutenir!
« Les hommes, au siècle où nous sommes,
« Sont tous ingrats comme des chiens...
  « Mais les chiens, je le soutiens,
    « Le sont comme des hommes.

Un mois s'était passé déjà:
Barbe entend japer à la porte;
Dans le plaisir qui la transporte
Droit à son cher maître elle va.
« Monsieur, venez... Qu'est-ce?... Il n'importe...
« Encor... veut-on me consulter?...
  Barbe sait tant insister,
    Qu'enfin il faut qu'il sorte.

Que voit-il? ciel! c'est Favori,
Qui d'une patte charitable
Lui montre un roquet misérable
Traînant son tibia meurtri :
Favori d'un œil pitoyable
Semblait dire : « O mon cher Lorry!
    « Puisque vous m'avez guéri,
      « Guérissez mon semblable.»

LA JEUNE VIRTUOSE

COMPOSANT AU PIANO-FORTÉ.

AIR: Ce fut par la faute du sort.

« De vous encenser constamment,
« Sublime et tendre Polymnie,
« Je fais aujourd'hui le serment
« Sur les autels de l'harmonie.
« Pour prix de mon faible talent,
« Ah! si de vous je suis chérie,
« Pénétrez-moi de sentiment;
« Mais point d'amour, je vous en prie.

« Il est soumis cet instrument
« A votre influence puissante;
« Ma main sur son clavier brûlant
« Poursuit la mélodie errante.
« Je l'atteindrai... moment flatteur!
« Je compose un air qui m'enflamme...
« Polymnie, épargnez mon cœur;
« Je vous abandonne mon ame.

« Les accords, par gradation,
« Sous le chant s'empressent d'éclore;
« Au charme de l'expression
« Ils viennent ajouter encore...
« Quelle nouvelle impression !
« Ah, Polymnie! ah, Polymnie !
« Serait-ce de la passion?
« Que ce soit plutôt du génie!

« L'Amour n'est, dit-on, qu'un enfant ;
« Il n'est pour rien dans mon délire :
« Le dieu des arts, deux fois plus grand,
« Sans doute est le seul qui m'inspire.
« Mais non... ces sons voluptueux
« Semblent m'annoncer le contraire...
« S'il faut qu'ils s'entendent tous deux,
« Allons... je les laisserai faire. »

A son piano l'autre jour
Ainsi chantait la jeune Lise,
Lorsqu'elle en vit sortir l'Amour
Qui lui dit avec mignardise :

« D'avoir trouvé de doux effets,
« Belle, ne soyez plus surprise ;
« La corde qu'à mon arc je mets,
« A votre instrument je l'ai mise. »

LES DANGERS

DE LA

SURCHARGE DES VOITURES PUBLIQUES.

AIR : Ça n'se peut pas, ça n' se peut pas.

PAR un tems noir avec *Hortense*,
Qui voulait un gai compagnon,
Dans un carrosse de Provence
Un jour je pars pour Avignon :
De la pluie et de la tempête
Nous eussions ri chemin faisant ;
Mais de savon sur notre tête
Nous avions un mille pesant.

Il tonne en diable, il pleut à verse ;
Nos mulets, qu'aveugle un éclair,
Prenant les chemins de traverse,
Tombent les quatre fers en l'air....

Par sa surcharge sous les roues
L'impériale a *chaviré*,
Et tout le savon dans les boues
Roule humide et décoloré.

De nous tirer par la portière
Nous conjurons maître *Thomas ;*
Mais, nous laissant une heure entière
Hortense et moi la tête en bas,
Il répond à notre supplique
Par quelques juremens brutaux,
Et de son savon, brique à brique,
Il ramasse les dix quintaux.

Vers nous ensuite il se transporte,
Et nous demande froidement
Qui nous fait crier de la sorte.
Je lui réponds très-humblement :
De crier il nous est bien forcé
Dans un si terrible accident ;
Mon ami, j'y gagne une entorse,
Et madame y perd une dent.

2   5

Tron de dieu ! réplique mon homme,
Le ciel vous a bien ménagés !
Je voudrais que vous vissiez comme
Mes savons sont endommagés !
Qu'on se casse jambe et mâchoire,
Cela m'est à peu près égal :
Mes voyageurs sont l'accessoire,
Mes ballots sont le principal.

A Dieu ne plaise que je pense
Que ce systême soit celui
De mainte et mainte diligence
Qu'on surcharge trop aujourd'hui !
Mais c'est une assez triste chance
D'aller à Rouen, à Lyon, à Metz,
Dominé par la même transe
Qu'à table éprouvait *Damoclès.*

LES TROIS GUICHARD. (1)

AIR: *J'étais bon chasseur autrefois.*

A LA gloire des trois *Bernard*
On connait les vers de *Voltaire.*
A la gloire des trois *Guichard*
Il me tarde aujourd'hui d'en faire :
Qu'ils me pardonnent tous les trois
La licence que je m'arroge ;
Leur plume, leur lyre, leur voix...
Sont les trois points de mon éloge.

(1) On connait également dans toutes les sociétés où les arts
sont chéris, 1°. M. GUICHARD, poëte très-ingénieux, auteur
de contes semi-grivois, mais piquans ; 2°. M. GUICHARD,
autrefois attaché au chapitre de Notre-Dame, compositeur
de motets très-estimés, et d'une grande quantité d'airs qui
ont fait fortune, (entre autres du BOUQUET DE ROMARIN)
professeur de guitare, etc. ; et 3°. M. GUICHARD, professeur
de chant au Conservatoire.

Ce début trop complimenteur
Leur fait faire un peu la grimace.
Je ne leur veux point, en honneur,
Casser l'encensoir sur la face :
Du haut de mon petit trépié,
Tout en buvant, comme un augure
Je veux leur dire sans pitié
Leur bonne ou mauvaise aventure.

Contre la verge du destin
C'est vainement que tu regimbes,
Conteur tant soit peu libertin ;
Guichard, je te vois dans les limbes...
De tes vers joyeux et piquans
L'influence sera notoire,
Puisqu'ils feront trouver le tems
Rapide... même en purgatoire.

Toi, *Guichard* le compositeur,
Revenant à tes goûts antiques,
Tu feras dans le ciel en chœur
Chanter tes motets angéliques ;

Puis, pour rendre de Belzébuth
Toute délation stérile,
Tu t'en iras pincer du luth
En face de sainte Cécile.

Quant à toi, *Guichard* le chanteur,
Puisque tu fais donner au diable
Tout artiste et tout amateur
Qui cherche un goût au tien semblable,
Parmi les damnés on t'attend;
Mais, ta voix charmant leurs supplices,
Les sombres états de Satan
Deviendront un lieu de délices.

IL FAUT SE FAIRE UNE RAISON,

VAUDEVILLE.

Air du vaudeville de l'Isle des Femmes.

Il faut vous faire une raison,
Me dit maintenant le beau sexe;
Car vous serez tantôt grison...
Un tel avis point ne me vexe:
Auprès de la fraîche Alison
Je cours comme un vélocifère,
Et je me fais une raison,
Qu'elle s'amuse à me défaire.

Les yeux fixés sur un tison,
En frimaire ainsi qu'en ventose,
On se fabrique une raison
Froide, nébuleuse et morose:
Mais quand vient la belle saison,
Quand germinal nous régénère,
Les yeux fixés sur le gazon,
On brûle, hélas! de s'en défaire.

Qui ne connaît la trahison
De Tartufe peint par Molière ;
D'Orgon fréquentant la maison ,
Et l'appelant toujours son frère ?
Il parle au mari d'oraison ,
Et de discipline et de haire ;
Mais il voudrait de sa raison
Avec la femme se défaire.

Hortensius , enseveli
Au fond de sa bibliothèque ,
Nuit et jour, dit-il, a pâli
Et sur *Platon* et sur *Sénèque.*
Il vante bien haut sa raison
Grecque et romaine ; mais il erre :
Ovide ainsi qu'*Anacréon*
Lui conseille de s'en défaire.

Thomas rapporte de Boston
Quatre à cinq cents tonnes bien lourdes
De café , de sucre, de thon,
De liqueurs et de piastres-gourdes.

Plus, il rapporte une raison
D'un an de date, et très-austère.
De tout cela *Rose* et *Suzon*
Sauront au port vous le défaire.

Tant qu'à la gent porte-toison
La gent louve fera la guerre,
Tant qu'au grand jour, sur l'horizon,
La noire nuit sera contraire ,
Mesdames , (sans comparaison)
Ce sera chose nécessaire
Que nous nous fassions la raison
Qu'il vous plaira de nous défaire.

Au surplus, à ma guérison
Que Minerve aujourd'hui travaille,
Et m'endosse de la raison
L'étroite et froide cotte-maille :
Mais avec un dard de l'Amour
Si demain Vénus en colère
En coupe les nœuds tour à tour,
Je dois aussi la laisser faire.

DIALOGUE

Entre M. D'Eaubonne, *médecin par routine*, *et* M. Bourru, *goutteux de profession.*

Air : *Frère Jean à la cuisine, ou vaudeville de Jean Mouet.*

Le docteur, *un entonnoir à la main, et une chaudière d'eau bouillante à ses pieds.*

Je suis le docteur *d'Eaubonne :*
En un jour, monsieur *Bourru,*
A vous guérir je m'abonne ;
Mais buvez chaud, buvez drû.
  L'eau du crû
  (Qui l'eût cru?)
A Paris n'est pas moins bonne
Qu'à Plombières, qu'à Bourbonne,
Qu'à Vichi, qu'à Balaru. (*Ter.*)

LE GOUTTEUX, *dans un fauteuil, et le pied*
droit sur un tabouret.

Jamais je ne dissimule ;
Je ne suis point un cadet
A tâter de la formule
Des disciples de ★★★,
>> Et j'attends
>> Que le tems (1)
Consacre l'eau plus que tiède
Comme un souverain remède
Pour les goutteux impotens. (*Ter.*)

LE DOCTEUR.

Toujours on crie à la fraude
Contre un remède nouveau ;
On frondait avant l'eau chaude
Et l'eau froide et l'eau de veau.

---

(1) Le tems a prouvé que le café n'est point un poison,
nonobstant la décision prise *ab irato* par l'ancienne faculté
de médecine ; et si l'essai du nouveau remède contre la
goutte pouvait avoir lieu sur des condamnés à la peine ca-
pitale, qui sait si dans une dixaine d'années l'expérience
ne militerait pas en faveur de la découverte de M. C★★★,
en dépit des argumens de ses antagonistes *sérieux ?*

Maint badaud,
Maint lourdaud
Sifflaient *Dumoulin* et *Pomme*
Avant qu'ils n'eussent la pomme,
Et les nommaient *Sangrado*. (*Ter.*)

LE GOUTTEUX.

Quand ma goutte se rencogne
Dans mon douloureux orteil,
De boire un muid de Bourgogne
Qu'on me donne le conseil :
    Jus vermeil
    Sans pareil,
S'il faut te boire en ivrogne
J'aurai cœur à la besogne
Dans l'espoir d'un doux sommeil.

LE DOCTEUR, *furieux.*

A mes épreuves sévères
Tu ne veux point faire accueil :
Sans doute tu ne rêvères
Qu'Hippocrate et son recueil.....
    Crains l'écueil

Du cercueil,

Pour peu que tu persévères

A fuir mes quarante verres

D'eau de Seine et d'Arcueil.

LE GOUTTEUX.

Dès qu'à l'eau pure je goûte,

C'est pour ma bouche un fléau ;

Mais quoiqu'elle me dégoûte,

Je boirais fleuve et ruisseau

A plein seau,

Par tonneau,

Et, qui pis est, goutte à goutte,

Si je croyais que la goutte

Ne revînt jamais sur l'eau.

LE DOCTEUR, *insistant pour entonner*
l'eau bouillante.

Embouchez, ou je me fâche,

Cet entonnoir dont l'objet,

Quand l'estomac est trop lâche,

Est d'empêcher tout rejet.

Jet par jet

Mon projet
Est de noyer sans relâche
L'infame qui prend à tâche
De vous ronger sans sujet.

LE GOUTTEUX avale une gorgée d'eau bouillante, et jette son tabouret dans les jambes du docteur.

Ah, quel feu ! quelle colique !
Quel hoquet !..... J'en suis honteux.
Sors, Esculape hydraulique !
Ton remède peu coûteux
  Est venteux
  Et douteux.
Ne crois pas que je me pique
De décéder hydropique,
Quand je peux vivre goutteux.

LE SERGENT AUX GARDES-FRANÇAISES

ET L'ASTRONOME

AU FOYER DE LA COMÉDIE FRANÇAISE,

anecdote de 1781.

AIR : J'étais bon chasseur autrefois.

Qui n'a pas connu Cœur-de-Roi,
Sergent dans les Gardes-Françaises,
A tout venant, de bonne foi,
Donnant du tabac et des chaises?
Des foyers faisant les honneurs,
Comme il en faisait la police,
Avec les plus grands raisonneurs
Il osait même entrer en lice.

Un astronome fort connu
Vient pour voir Atrée et Thieste.
« Mon cher, soyez le bien venu, »
Lui dit mon sergent d'un ton leste :

« Parbleu! vous qui du firmament
« Nous dressez les meilleurs cadastres,
« Vous nous direz probablement
« Ce qu'on dit de neuf sur les astres.

« — Ma foi, monsieur, l'on n'en dit rien,
« Ou l'on n'en dit pas trop grand'chose, »
Répond mon savant qui voit bien
Dans quel genre le sergent cause.
« Mais vous-même qu'en pensez-vous?
« Souffrez que je vous le demande;
« En fait d'astres quels sont vos goûts?
« La multitude en est si grande! »

« —Vraiment, vous, monsieur le savant,
« Pour qui la Nature est sans voiles,
« Vous vous occupez bien souvent
« D'un tas de petites étoiles.....
« Mais je ne suis pas si profond,
« Et de vous à moi je confesse
« Que la lune et le soleil sont
« Les seuls astres que je connaisse.

« — Fort bien vu ! car de chacun d'eux
« Enorme est la circonférence…,
« Mais il n'est pas qu'à l'un des deux
« Vous n'accordiez la préférence.
« Quand on est aussi connaisseur
« On est le chevalier fidèle
« Ou bien du frère ou de la sœur,
« Ou du mâle ou de la femelle.

« — Vous savez, comme tout Paris,
« Que je demeure à l'Estrapade ;
« Le soleil est pour moi sans prix
« A l'exercice, à la parade :
« Plus il est brûlant et vermeil,
« Plus je suis las, plus je suis sombre ;
« Enfin, dès qu'il fait du soleil
« Je voudrais de suite être à l'ombre.

« — Je vois trop, monsieur le sergent,
« Que vous accordez votre hommage
« A l'astre calme, au front d'argent…..
« Pour l'astre au front d'or quel dommage !

« Mais ne seriez-vous pas confus
« Si, piqué de ce qu'on le gronde,
« Il faisait tout à coup refus
« De prêter sa lumière au monde ?

« —Un soleil de plus ou de moins
« En plein jour n'est pas une affaire...
« Mais la lune a de petits soins,
« D'après lesquels je la préfère...
« Quand mon spectacle finit tard,
« Beaucoup mieux qu'un porte-lanterne,
« Ma lune marche avec égard (1)
« Devant moi jusqu'à ma caserne.

« — En vous regardant de son haut,
« Dût Phébus vous porter rancune,
« Puisqu'elle vous sert de fallot,
« Monsieur, préférez votre lune...
« Je veux, près du gouvernement
« Plaidant vos titres authentiques,
« Vous faire nommer sur-le-champ
« Sergent-major des lunatiques. »

____

(1) Ce bon sergent disait *ma lune*, comme Diogène disait *mon soleil*.

6 *

COUPLETS

A UN TRÈS-AIMABLE ANTI-PHILOSOPHE,

qui répète (après Nonotte, Coger, Fréron, etc., etc., etc.) que les philosophes modernes prêchent la polygamie, le vol, le mépris de tous les usages, le matérialisme, la louange exclusive de leurs adeptes, et la nécessité d'*universaliser* leurs principes.

Air du vaudeville de la Soirée orageuse.

CONVAINCU par vos argumens,
Je déclare à jamais infames
Ces esprits-forts, vrais musulmans,
Qui voudraient qu'on prît plusieurs femmes...
Vous conviendrez pourtant, *Damon*,
Si ma mémoire ne se blouse,
Que le très-sage *Salomon*
Eut pour sa part plus d'une épouse.

Si dans la vigne du voisin
Aristide mord à la grappe,
C'est un franc voleur de raisin
Qu'il faut soudain que la loi frappe...
Mais tout le long des grands chemins
N'est-il pas vrai que les Apôtres,
Froissant des épis dans leurs mains,
Mangeaient un peu le bled des autres?

Je crois que vous faites fort bien
De tanser ces penseurs sauvages
Qui s'affranchissent du lien
Des routines et des usages;
Et je veux moi-même, approuvant
Vos injonctions amicales,
En tout pays, dorénavant,
Céder aux coutumes locales.

Je vous observe toutefois
Qu'à Turin, si l'on me propose
D'acquérir du haut dans la voix
Aux dépens de certaine chose,

Je ne prendrai d'autre parti
Que de prendre à l'instant la poste,
Dussé-je fuir *li castranti*
Jusqu'au-delà du val d'*Aoste*.

Ce n'est pas tout : si dom *Gusman*
A Madrid, sans miséricorde,
Prétend disloquer mon enfant
Pour en faire un danseur de corde,
Pressant ce fils contre mon sein,
Loin de souffrir qu'on le torture,
Contre cet usage assassin
Je ferai parler la nature.

Comme vous je trouve indécent
Qu'un chétif encyclopédiste
Représente le Tout-Puissant
Sous les attributs d'un chimiste.....
Mais pourquoi ne dites-vous mot
D'un écrivain que l'on révère, (1)
Lequel peint l'homme comme un pot,
Et Dieu comme un potier de terre?

____

(1) Jérémie, chap. 18, vers. pr. et suivans.

Sans doute ils ont passé le but
Et mérité vos apostrophes
Ces candidats à l'Institut
Qui vantent les seuls philosophes.....
Mais avec moi daignez râiller
L'homme d'esprit, l'homme du monde
Qui pour devenir marguillier
De *Fréron* emprunte la fronde.

Au reste je déchirerai
Comme vous la philosophie,
Du moment où je la verrai
Remuante et d'orgueil bouffie.....
Sur elle je crierai *haro*
Si, d'hermine fourrant sa robe,
Par des *atqui*, par des *ergo* (1)
Elle cherche à troubler le globe.

Mais si, fuyant le faste et l'art,
Elle dit dans sa solitude:
J'aime mieux étre sage à part
Que folle avec la multitude, (2)

______

(1) La philosophie scholastique.
(2) Cette sentence est de Cicéron.

Je ne pourrai faire aucun cas
Des pamphlets dont on la harcèle;
Et surtout je ne croirai pas
Qu'elle veuille être *universelle.*

APOLOGIE DE LA PEINTURE.

AIR : Femmes, voulez-vous éprouver.

VAINEMENT Platon et Mercier
Ont écrit contre la peinture ;
Si cet art n'est qu'un art grossier,
S'il n'est qu'une belle imposture,
La faute en est à l'Eternel,
Qui voulut, en créant le monde,
Que tout objet matériel
Se peignît au cristal de l'onde.

LA MORALE

AU DINER DU VAUDEVILLE.

Air du petit Matelot.

La Morale a couru la ville
Sans obtenir de grands succès :
A nos Dîners du Vaudeville
Elle est là qui demande accès.
« Mon Dieu, qu'elle doit être belle !
Disent nos chansonniers contens.
« Courez, Brigaud, (1) courez pour elle
« Ouvrir la porte à deux battans.

La Morale au bout de la table
Prend une place lentement,
Et chante d'un ton lamentable
De feu Panard l'enterrement :

---

(1) Célèbre restaurateur, passage Marigny, chez lequel
se réunissaient les auteurs du Vaudeville.

Quelle impatience est la nôtre
En écoutant ses longs hélas !
Nous nous regardons tous l'un l'autre,
Mais nous ne la regardons pas.

« Vite, un restaurant pour madame
« Qui ne peut pas se soutenir ! »
Disent nos faiseurs d'épigramme,
Très-disposés à la bannir.
Mais elle les rappelle à l'ordre
En leur déclarant sans façons
Qu'elle trouve assez de quoi mordre
Dans la plupart de leurs chansons.

C'est l'instant du vin de Champagne,
Du punch et de la Côte-d'Or ;
Chacun de nous bat la campagne,
Et la Morale gronde encor.
« Trève à ces dangereux breuvages, »
Dit-elle, « ou bien j'annonce à tous
« Que, si la Grèce eut ses sept sages,
« La France a juste dix-sept fous. »

Ce dernier trait monte à la tête
De nos convives étourdis.
« Cette Morale est malhonnête,
« Et ses brocards sont trop hardis.
« Parmi nous sans doute, et pour cause,
« Elle a bien droit de s'installer;
« Mais au dessert, sur toute chose,
« Nous la prierons de s'en aller. »

L'INTÉRIEUR DES COULISSES.

Air du petit Matelot.

A TROP mal parler des coulisses
Si mon sujet m'allait pousser,
Je suis certain que nos actrices
Se ligueraient pour me pincer :
Aussi parmi mes épigrammes
Si quelque encens peut se placer,
J'espère bien qu'alors ces dames
Se ligueront pour m'embrasser.

Des coulisses que vous dirai-je ?
La beauté dans ces lieux trompeurs
Tient un magasin sacrilège
De complimens et de vapeurs ;
Le fard y couvre d'imposture
Jusqu'aux minois les plus charmans :
Il est bien vrai que l'on y jure ;
Mais on n'y tient pas ses sermens.

Therpsycore y fait sans scrupule
Certains faux pas étudiés.
La maligne Euterpe y calcule
De faux accords très-bien payés.
Cédant au caprice fantasque
Que leur suggère le hasard,
C'est là que Thalie est sans masque,
Et Melpomène sans poignard.

L'Hymen, qui par fois s'y promène,
N'a pas la force d'y tenir :
Il y succombe à la migraine;
Il voit son flambeau s'y ternir.
Au lieu qu'Amour dans ces asiles,
Toujours joyeux, toujours vaurien,
Aux mèches des quinquets fragiles
Rallume à chaque instant le sien.

Aux auteurs que le parterre aime,
Et dont les vers sont applaudis,
Les coulisses semblent de même
L'atmosphère du paradis :

Mais ceux que le sifflet pourchasse,
N'en pouvant pas supporter l'air,
Y font tout juste la grimace
Que les damnés font en enfer.

Machinistes, femmes-de-chambre,
Allumeurs, pompiers, quel mic-mac!
On y sent l'eau-de-vie et l'ambre,
L'huile et la pipe de tabac.
Quant aux coiffeurs, sans en médire,
J'assure, en dernier résultat,
Qu'où Vénus fonde son empire
Ils sont les messagers d'état.

C'en est assez, Muse étourdie;
Je te défends d'articuler
Certains secrets de comédie
Qu'il ne faut jamais révéler.
Préfère l'étude aux délices
Qui te cernent de toutes parts:
Rarement pilier de coulisses
Est-il colonne des beaux arts.

Soyons de la scène du monde,
Comme Adisson, grands spectateurs;
Du coin d'une loge profonde
Observons les moindres acteurs;
Et nous nous convaincrons sans peine
Que c'est l'éclat des passions
Qui fait seul de la vie humaïne
Valoir les décorations.

Et nous dirons à ces poètes
Qui nous peignent soir et matin
Comme autant de marionettes
Qu'agite un aveugle destin:
« Vos raisonnemens sont factices,
« Et vos yeux sont trop peu subtils
« Pour voir derrière les coulisses
« La main qui fait valoir les fils. »

LES APPLAUDISSEMENS.

Air de la croisée.

JAMAIS les applaudissemens
N'auront, je crois, d'effet funeste :
Ces sons flatteurs, ces sons charmans
Ont une origine céleste ;
Car lorsque le grand Jupiter
Eut fait par son souffle suprème
L'onde, le feu, la terre et l'air,
    Il s'applaudit lui-même. *Bis.*

« Nos vers survivront à l'airain,
« Disait Virgile, Ovide, Horace :
« Applaudissons-nous ; c'est en vain
« Que la faulx du Tems nous menace. »
Et tout en chantant ce refrain
Ils claquaient de si bonne grâce,
Que le bruit de leurs coups de main
    Dure encore au Parnasse.

Et Térence, on sait par quels mots
Il finit la dernière scène
D'Héauton-Timoruménos,
De l'Eunuque et de l'Andrienne.
« Oui, dit-il, peuple citoyen,
« Je suis jaloux de ton suffrage :
« Bonjour, bonsoir, porte-toi bien;
 « Mais claque mon ouvrage. »

Lemierre aux loges se portait
Pour applaudir sa propre pièce;
Et si quelqu'un l'en plaisantait
Il répondait avec rudesse :
« Si je me claque à tour de bras,
« C'est qu'il n'est point d'ami fidèle
« Qui m'applaudisse en pareil cas
 « Avec autant de zèle. »

D'après ces exemples divers,
Amis, faisons tous la partie
Lorsque nous publierons des vers
De mettre à part la modestie.

Loin de résister à l'orgueil,
Livrons-nous à sa douce attaque :
L'humilité qui baisse l'œil
    Ne vaut pas une claque.

Auteurs, acteurs sont peu flattés,
Chez Melpomène et chez Thalie,
De ces petits bravo flûtés
Qui nous sont venus d'Italie :
Il faut, si l'on veut tous les soirs
Que leur oreille se régale,
Par des mains comme des battoirs
    Faire trembler la salle.

Pour moi, qui ne suis point gonflé
Du venin de la noire envie,
Et qui, Dieu merci, n'ai sifflé
Aucun poète de ma vie,
Je vais vous faire en ce moment
Part de ma remarque sincère :
« Applaudissez-moi librement ;
    « Je vous le rends, mes frères. »

DE TOUT UN PEU.

Air de la pipe de tabac.

Sur un air que chacun fredonne (1)
Le régent fit en tems et lieu
Certaine chanson courte et bonne
Qui finit par *de tout un peu.*
A lutter contre un tel poète
Ma muse à regret se résout,
Et, pour changer, ma chansonnette
Finira par *un peu de tout.*

Parlons d'abord du Vaudeville,
Qu'il nous faut défendre avec feu :
Toujours malin, par fois utile,
Sa devise est *de tout un peu.*
A quelque titre qu'on l'attaque,
De se venger l'espiègle bout ;
D'arlequin il met la casaque,
Et prend pour arme *un peu de tout.*

(1) La chanson du Régent est sur l'air *du haut en bas.*

Lorsqu'un paveur adroit marie
Marbre vert, jaune, rouge et bleu,
Cette heureuse marqueterie
Charme l'œil par *de tout un peu :*
Mais ce plan n'est pas bon à suivre
Sur le Parnasse, où rien n'absout
L'auteur qui prend pour faire un livre,
A droite, à gauche, *un peu de tout.*

A voir le gros fichu d'Elmire
On lui soupçonnerait, morbleu !
Beaucoup d'appas qu'il faut réduire,
En total, à *de tout un peu.*
Main d'amant qui ferait sa ronde
Trouverait gaze et vent partout :
Vous me direz que dans ce monde
Il faut tâter *un peu de tout.*

Sur le plaisir vif de la table
Voulez-vous connaître mon vœu ?
Comus n'est pour moi délectable
Qu'en me servant *de tout un peu :*

Encor tout me paraît-il fade
Si l'on n'a dans chaque ragoût
Mis poivre et sel, thym et muscade,
Girofle.... enfin *un peu de tout.*

Du cercle dont il a l'estim
Damis occupant le milieu,
Attend que l'entretien s'anime,
Et roule sur *de tout un peu ;*
Puis, grâce à mainte rapsodie
Qu'à propos sa mémoire cout,
Il semble une Encyclopédie,
Et ne sait rien qu'*un peu de tout.*

J'habite au haut d'une montagne, (1)
Et je m'y plais, j'en fais l'aveu :
J'y vois Paris et la campagne,
J'y vois de plus *de tout un peu.*
Le glou-glou de l'eau qui serpente,
Le tic-tac du moulin qui mout,
L'âne qui brait, l'oiseau qui chante,
M'y font entendre *un peu de tout.*

(1) A Chennevières-sur-Marne.

Agnès prétend que la satire
Ne lui peut ôter un cheveu :
Agnès pourtant, sans trop médire,
Sut au couvent *de tout un peu.*
Mondor l'épouse et fait des dettes ,
Calculât-il mieux que Bezout ;
Car on n'a point vu de coquettes
Se contenter *d'un peu de tout.*

Joueur trop plein de bonhomie ,
Si le sort doubla ton enjeu
Dans cette honnête académie
Qui renferme *de tout un peu ,*
Vîte, vîte, il faut que tu partes
Sans attendre le grand va-tout ,
Ou le banquier, maître des cartes,
Pourrait bien faire *un peu de tout.*

Quand la patrie est dans le trouble
L'égoïste, cachant son jeu,
Prend de Janus le masque double,
Et se permet *de tout un peu.*

2   8

Mais contre lui Solon s'explique,
Et veut que la loi pousse à bout
Tout caméléon politique
Qui dit et fait *un peu de tout.*

Celui-là qui commit le crime,
Quand il faut dire au monde adieu,
Fanatique et pusillanime,
Fait en pleurant *de tout un peu :*
Mais le sage qui voit sans crainte
L'instant où son corps se dissout,
S'élance en paix dans l'autre enceinte
Pour savoir plus qu'*un peu de tout.*

Ce long morceau pourra déplaire
A nos modernes Francaleu,
Dont l'esprit bourru ne tolère
En chanson que *de tout un peu :*
Mais pourvu que de bons apôtres
Trouvent six couplets de leur goût,
Je conviendrai que les six autres
Sont là pour faire *un peu de tout.*

LE GANT.

Air : Guillot près de sa Guillemette, ou : Ça n'se peut pas, ça n'se peut pas.

Des gants de la chevalerie
Que n'ont pas dit nos romanciers !
Des gants d'Ismène et de Julie
Que n'ont pas dit nos chansonniers !
Ce sujet, banal à l'extrême,
Remplit les almanachs chantans :
Ici je n'en saurais moi-même
Avoir les gants, avoir les gants.

C'est une chose bien connue
Que, pour nous récréer les yeux,
La Vérité vint toute nue,
Par un beau jour, du haut des cieux.
Pourquoi donc voit-on à la ronde
Nos beaux esprits et nos savans
Pour la produire dans le monde
Mettre des gants, mettre des gants ?

Voyez accourir la Critique
Quand les auteurs sont en défaut :
Pour les fesser elle se pique
De trousser ses manches bien haut ;
Mais par la main faut-il les prendre,
Faut-il leur offrir quelque encens,
La barbare se fait attendre,
Et met des gants, et met des gants.

Quand un lâche émeut votre bile
Par quelque propos insultant,
Voulez-vous rendre indélébile
Votre honneur et son châtiment ?
Couvrez sa face criminelle,
A droite, à gauche, au même instant,
Du geste large qu'on appelle
Moule de gant, moule de gant.

Pourquoi voit-on certaines belles,
De leurs mains voilant leurs appas,
A l'œil malin, par derrière elles,
Montrer à nu deux avant-bras ?

C'est que je les crois décidées,
Dans leurs amours indépendans,
A garder leurs franches coudées
Plus que leurs gants, plus que leurs gants.

Irai-je à présent à Nimègues
Exprès pour vous parler de Gand?
Je n'en tirerais pas mes grègues
Sans maint calembourg fatigant.
Les Muses, pour moi déjà bègues,
Se tairaient net en me narguant :
Ainsi, bonsoir, mes chers collègues ;
A vous le gant, à vous le gant.

LES BAISERS DES COQUETTES.

A I R : J'ons un curé patriote.

P R Ê T E - M O I tes épigrammes,
Et même tes quolibets;
O Panard! contre ces dames
Daigne aiguiser mes couplets.
De leurs baisers faux et froids
Rassasié mille fois,
  J'aime mieux tout oser
Pour ravir le franc baiser
Qu'une Agnès veut me refuser.

Babet, la fleur des grisettes,
Me disait avec douceur :
« En m'embrassant vous me faites,
« Monsieur, beaucoup trop d'honneur. »
Moi, qui borne mon desir
A faire en ce cas plaisir,
  J'aime mieux, etc.

La provinciale Hortense,
M'écrivant tous les courriers,
Après dix ans de constance
M'en promettait des milliers :
Mais moi, qui suis plus content
D'un seul acquitté comptant,
  J'aime mieux, etc.

Au travers de sa persienne
Une veuve en pension
M'en lançait à perdre haleine
D'amoureuse intention ;
Mais comme le plus souvent
Baisers soufflés sont du vent,
  J'aime mieux, etc.

Une ci-devant abbesse
Me disait pieusement :
« Si tu voulais à confesse
« Aller deux ou trois fois l'an,
« Coquin, je te donnerais.....
« Quoi donc ? — Le baiser de paix. »
  J'aime mieux, etc.

Phriné, que cent desirs pressent,
Pour collier veut promptement
Deux pigeons qui se caressent
Bec à bec (en diamant.)
N'ayant pas l'or d'un Anglais,
J'entends mal un tel français;
    J'aime mieux, etc.

Femme auteur qui sur Pégase
Va parcourant l'Hélicon,
Et qui cite à chaque phrase
Les baisers de Jean second, (1)
Fait souvent de son époux
Une Jean premier, voyez-vous!
    J'aime mieux, etc.

Ces deux sœurs sur leur toilette
Ont les Baisers de Dorat,
Et dans leur prose à vignette
Singent son ton délicat;

____

(1) Auteur latin moderne, dont on estime les poésies, inti-
tulées *Basia*.

Mais l'esprit communément
Y tient lieu de sentiment.
  J'aime mieux, etc.

Joseph brava les instances
De madame Putiphar:
Dans les tendres circonstances
N'était-il donc pas gaillard?
Oh que si! car on prétend
Qu'il ne s'enfuit qu'en chantant:
  J'aime mieux tout oser
Pour ravir le franc baiser
Qu'une Agnès veut me refuser.

LA GRANDE RONDE DU PETIT VAUDEVILLE.

A BOIRE ET A DANSER.

AIR : Joseph est bien marié.

C'EST une ronde à danser
Que mon luth doit cadencer ;
Mais danser ici sans femme
Serait une chose infame....
Chantons le verre à la main ;
Et nous danserons demain.

On ne sait trop, par respect,
Sur quel pied danser avec
La longue et maigre pécore
Qui s'appelle *Therpsycore.*
Chantons, etc.

Au lieu qu'il faut convenir
Qu'on sait à quoi s'en tenir

Avec la fraîche bacchante
Qui vous rit quand elle chante:
Chantons, etc.

Des *balancés*, des *chassés*
J'en ai, comme on dit, assez:
De *Beaune* une *demi-queue*
Vaut *du chat* toute *la queue*.
Chantons, etc.

Les *quatre dames en rond*
Jamais ne me séduiront
Comme quatre muids de *Grave*
Aux quatre coins de ma cave.
Chantons, etc.

Tant que je serai bien sûr
D'avoir du *Coulanges* pur,
N'espérez pas que ma muse
De tous vos *coulés* s'amuse.
Chantons, etc.

En vain crieriez-vous souvent:
Passe en arrière, en avant;
Je ne connais que la passe
Du *Nuits* qui par mon cou passe.
Chantons, etc.

J'en demande bien pardon
Aux amis du *rigaudon;*
Le *Chambertin* me fait faire
Des faux pas que je préfère.
Chantons, etc.

Batylle avec du jarret
Sur un pied reste en arrêt;
Mais c'est un talent que l'oie
Même en sommeillant déploie.
Chantons, etc.

Oh! qu'il a bien plus de droit
De se vanter d'être adroit
Roch qui sans reprendre haleine
Avale une cruche pleine!
Chantons, etc.

Que parlez-vous de *valser,*
Quand je puis sans me lasser
Voir en buvant à plein verre
Valser le ciel et la terre !
Chantons, etc.

J'ai dans ma juste fureur
La *chaîne anglaise* en horreur :
Si des fers sont mon partage
Qu'on m'enchaîne à *l'Hermitage !*
Chantons, etc.

Taisez-vous flûtes et cors ;
J'oppose à vos grands accords
Le cliquetis réciproque
Des coupes qu'ensemble on choque.
Chantons, etc.

Je briserais *sonica,*
Le meilleur *harmonica,*
Puisqu'il n'emplit que d'eau claire
Son cristal orbiculaire.
Chantons, etc.

Mêlez dans ma gourde, *ad hoc,*
Mâcon, Tonnerre et *Médoc,*
Et de leurs *gloux gloux* que j'aime
J'obtiendrai l'accord suprême.
Chantons, etc.

Qu'on me grise d'*Epernay,*
De *Mulsaux* et de *Volnay ;*
Je défierai pour la rime
Quiconque ici s'en escrime.
Chantons, etc.

Qui pourrait mettre en oubli
Le lympide et sec *Chabli,*
Qui joint à tant d'autres titres
L'art de faire aimer les huîtres?
Chantons, etc.

Ce Parnasse où l'on nous met
N'a jamais eu qu'un sommet;
Mais dans un bachique trouble
Nos vieux auteurs l'on vu double.
Chantons, etc.

Anacréon buvait sec
Son amphore de vin grec,
Pour monter après sa lyre
Au niveau de son délire.
Chantons, etc.

Sans ce *Falerne* joli
Qu'on sablait à Tivoli,
Les vers enchanteurs d'*Horace*
N'auraient pas laissé de trace.
Chantons, etc.

Aux amans que gêne un tiers
Ovide enseigne en beaux vers
A s'écrire sur la nappe
Avec du jus de la grappe.
Chantons, etc.

Vaucluse est un lieu charmant
Qui fait rêver chaque amant;
Mais sans le vin de la *Nerte*
Laure eût vu *Pétrarque* inerte.
Chantons, etc.

Les livres censés *divins*
Font foi que des meilleurs vins
L'auteur-roi de *l'Ecclésiaste*
Fut lui-même enthousiaste.
Chantons, etc.

Si les sectateurs d'*Omar*
Boivent un jour du *Pomar,*
Comme un turc être ròbuste
Deviendra proverbe juste.
Chantons, etc.

Troubadours et ménestrels
De myrte ornaient leurs *capels ;*
Mais la couronne de lierre
Leur était plus familière.
Chantons, etc.

Les sirvantes, les tensons,
Et les noëls polissons
Prêchaient si bien les rasades,
Qu'on chantait même aux croisades.
Chantons , etc.

Comtes, barons et marquis,
Gorgés d'un nectar exquis,
Sur ou sous la table, en masse,
Chevrotaient des airs de chasse.
Chantons, etc.

De *Thémis* les noirs suppôts,
Loin d'être ennemis des pots,
Tour à tour *à la buvette*
Faisaient-ils pas la navette?
Chantons, etc.

Presque tout le haut clergé,
Dans le *Clos-Vougeot* plongé,
Chez nos actrices célèbres
Allait ensuite à *ténèbres*.
Chantons, etc.

L'humble pasteur de hameau,
Tout en fredonnant *Rameau*,
Pompait son broc de piquette
Avec sa nièce *Paquette*.
Chantons, etc.

9 *

Bernardins et cordeliers,
Feuillans, surtout templiers,
S'il en faut croire l'histoire,
Beuglaient en plein réfectoire.
Chantons, etc.

Et tous les bourgeois grivois,
Au dessert enflant leur voix,
S'imposaient la loi de boire
En mémoire de *Grégoire.*
Chantons, etc.

Le paysan débraillé
En lampant son vin paillé
Heurlait d'un spectre effroyable
La complainte pitoyable.
Chantons, etc.

Et le peuple eut *Ramponneau*
A cheval sur un tonneau;
Ramponneau qui fit éclore
Des refrains qu'on chante encore.
Chantons, etc.

Combien de fois le *régent*,
Des coquettes se vengeaut,
A fait jaillir du *Madère*
Leur critique hebdomadaire !
Chantons, etc.

Des *Scarron*, des *Daubigné*,
Des *Ninon*, des *Sévigné*,
La société choisie
Nageait dans le *Malvoisie.*
Chantons, etc.

Si la gaité de *Chaulieu*
D'étude et d'art lui tint lieu,
C'est qu'elle était émanée
Du jus de la *Romanée.*
Chantons, etc.

La Fare l'épicurien
Ne composait jamais rien
Que quand la *Côte-Rôtie*
Piquait sa verve amortie.
Chantons, etc.

Quand *Santeuil* le victorin
N'avait plus de *vin du Rhin*,
Il sevrait de ses louanges
Dieu, la vierge et tous les anges.
Chantons, etc.

D'un voyage où l'on boit frais
On compte à peine les frais;
Et sur ce point j'en appelle
A *Bachaumont*, à *Chapelle.*
Chantons, etc.

Les premiers et les derniers
De nos maîtres chansonniers
S'enluminaient tous la trogne
De *Champagne* ou de *Bourgogne.*
Chantons, etc.

A la foire Saint-Laurent
(Avant d'être à son vrai sang)
Piron barbouilla de lie
Le masque de la Folie.
Chantons, etc.

N'a-t-on pas vu *Dorneval*,
Et *Lesage* son rival, (1)
Charbonner à la guinguette
Des couplets faits en goguette.
Chantons, etc.

Favart, *Fagan*, *Fuzelier*,
Assiégeant plus d'un cellier,
Pour composer force rondes
Faisaient sauter force bondes.
Chantons, etc.

De *Panard* le sans-souci
Nous connaissons, Dieu merci,
Plusieurs chansons qui sont peintes
A l'encre en forme de pintes.
Chantons, etc.

Quant à l'épicier *Gallet*,
Avec ceux qu'il régalait

______

(1) Lesage fut supérieur à Dorneval comme auteur d'ex-
cellens romans et de bonnes comédies ; mais il ne fut guère
que son rival en opéra comiques.

Il tirait son sel attique
Du *Cognac* de sa boutique.
Chantons, etc.

L'Affichard et *Carolet*,
Trop au bout de leur rolet,
Mêlaient à l'eau d'Hypocrène,
Faute de mieux, du *Surène*.
Chantons, etc.

Vadé pour avoir le dé
Dans son genre hasardé
Roulait d'orgie en orgie
Sa muse de tabagie.
Chantons, etc.

Ecoutez ronfler *Collé*,
De punch et de vin collé : (1)
Dans son trou voyez *Anseaume* (2)
Terminer un pareil somme.
Chantons, etc.

---

(1) C'est ainsi que commence une des jolies chansons de Collé lui-même.

(2) Souffleur de la comédie Italienne, et auteur de beaucoup d'opéra-vaudevilles ou à ariettes, qui ont réussi.

Les couplets de *Lattaignant*
Sentent tous le *Frontignan* :
Du *Seigneur* oint très-indigne,
Il n'en connut que *la vigne.*
Chantons, etc.

Le délicat *Voisenon*
Etait-il plus sobre?... Oh, non :
Mis au lait (par circonstance)
Il retournait au *Constance.*
hantons ,etc.

A la Victoire, à l'Amour,
A Pégase tour à tour
Bouflers soufflait sous les ailes
L'*Aï* versé par les belles.
Chantons, etc.

Sur le plan du vieux *Caveau*
Fondons un *Caveau* nouveau :
Là qu'une ivresse unamine
Un jour par mois nous anime !
Chantons, etc.

Boire à *tire-larigot*
Rime à merveille à *Brigot :* (1)
Chez lui voilà bien la preuve
Que le sort veut qu'on s'abreuve.
Chantons, etc.

Tous les cœurs seront émus
D'y voir Bacchus et Momus
Unir dans la même grotte
Le thyrse avec la marotte.
Chantons, etc.

Saint-Paray, Saint-Emilion
De saints valant un million,
Nous les ferons seuls survivre
Aux saints dont on nous délivre. (2)
Chantons, etc.

Réveillé dans son tombeau,
Maître Adam dira : « Tout beau !
« Chantres du jus de la tonne,
« Souffrez qu'avec vous j'entonne :
« Chantons, etc. »

---

(1) Restaurateur, passage Marigny.
(2) Dès l'ancien régime on avait réduit les fêtes.

Si de mon joyeux projet
Quelqu'un votait le rejet,
Que pour lui le vin de *Chypre*
Tourne en bière amère d'*Ypre!*
Chantons, etc.

J'invite au surplus tous ceux
Que charme un *Tokaï* mousseux
A donner le coup de pouce
Aux bouchons que ce vin pousse...
Chantons, etc.

Que si mon dernier couplet
Avec les autres vous plaît,
Apôtres du Vaudeville,
Tâchez qu'on répète en ville:
Chantons le verre à la main;
Et nous danserons demain.

COUPLETS

au sujet de la motion faite à l'Assemblée Nationale de fondre toutes les cloches du royaume.

1789.

AIR : *O filii et filiæ.*

En province comme à Paris
Toutes les cloches ont leur prix :
C'est bien ce que l'on pèsera.
Alleluia.

Notre-Dame au plutôt mettra
Son ut, son ré, son mi, son fa
Bouillir avec si, sol et la.
Alleluia.

Aujourd'hui, plutôt que demain,
Saint-Jean, Saint-Paul et Saint-Germain
Suivront ce bel exemple-là.
    Alleluia.

Graves bourdons de Saint-Victor,
De résister vous auriez tort;
Georges d'Amboise y passera.
    Alleluia.

Et toi dont le timbre ennemi
Sonna la Saint-Barthélemi,
Qu'avec plaisir on te fondra!
    Alleluia.

Nous n'entendrons plus, Dieu merci,
Pour celui-là, pour celui-ci,
Tinter de tristes libera.
    Alleluia.

Sans réveiller chacun la nuit
Un marguillier à petit bruit
Dans la tombe s'endormira.
    Alleluia.

J'aimais quand un salut joyeux
Forçait un carillon pieux
De mêler aux airs d'opéra
L'alleluia.

Mais pour le salut général
On fait si bien que ce métal
En sous marqués se changera.
Alleluia.

Par trois fois trois si l'angélus
De bon matin ne sonne plus,
L'impie entre ses draps dira :
Alleluia.

Mais aussi sans clochette ad hoc
Tout bon chrétien au chant du coq
Devant le ciel s'humiliera.
Alleluia.

Et quand à l'office divin
La cresselle, soir et matin,
En passant m'en avertira.
Alleluia.

On sait que le dévot airain
Avait souvent un sot parrain,
Duc, baron, comte, et cætera,
        Et cætera.

Voilà des noms en quantité
Perdus pour l'immortalité:
Le talent seul y parviendra.
        Alleluia.

Les carillonneurs consternés,
Les fondeurs de cloche étonnés
Gagneront Rome ou Malaga.
        Alleluia.

Par un tocsin mal entendu
Nul nuage n'étant fendu,
Le tonnerre en l'air restera...
        Alleluia.

Si le feu prend à ma maison
Un tambour vaut bien un bourdon,
Et la générale battra....
        Alleluia.

Quand il va savoir, au surplus,
Qu'en ce monde on ne sonne plus,
Boileau chez les morts chantera :
　　　Alleluia.

Des réveils-matin indiscrets,
Et des clochettes de mulets,
Sans doute on nous délivrera...
　　　Alleluia.

Mille créanciers font mouvoir
La sonnette de mon manoir :
O ma patrie, emporte-la.
Alleluia ! alleluia !
　　　Alleluia !

STANCES A JOSÉPHINE,

cloche de l'église paroissiale de Vitry-sur-Seine.

1805.

AIR : J'étais bon chasseur autrefois.

Dans un atelier de fondeur
Tu végétais sombre, inquiète;
(On ne peut guère sans humeur,
Rester immobile et muette.)
Mais tu disais *mentalement*
« Grand Dieu, fais que mon destin change!
« Ouvre ma bouche, et sur-le-champ
« Elle annoncera ta louange. » (1)

Or, il a lui ce jour chéri
Où devait commencer ta gloire!....
Dans les annales de Vitry
On en gardera la mémoire....

(1) *Domine, labia mea aperies et os meum annuntiabit laudem tuam.*

Par les soins de ton cher Parrain (1)
Et de ton aimable Marraine, (2)
D'exercer ta langue d'airain
Te voilà désormais certaine.

Sois dans ton logement carré
Par les marguilliers introduite :
Un maire sage, un bon curé
Régleront dès lors ta conduite.
Mais je vois déjà ton battant....
Impatient il se balance,
Et voudrait nous peindre à l'instant
Ta joie et ta reconnaissance.

Hé bien, remercie hautement
Prélats, chanoines, grands-vicaires
De ce qu'ils ont pieusement
Sur toi répandu leurs prières ;
Et garde un profond souvenir
De ce qu'à ton brillant baptême
Debelloi n'a pu te bénir
Plus qu'on ne le bénit lui-même.

---

(1) M. Dubois, conseiller d'état, préfet de police.
(2) Madame Leroux, fille du préfet.

Dis aux enfans qu'un tel pasteur
Est digne de leur confiance,
Et qu'il a pour eux du Sauveur
La tendresse et la bienveillance. (1)
Comme à leur âge, sans appui,
Du chemin qu'on doit suivre on doute,
Dis-leur qu'ils se fassent par lui
Confirmer.... dans la bonne route.

D'un bourdon métropolitain
Tu n'as pas l'énorme calibre,
Ni ces sons que dans le lointain
Une *George d'Amboise* vibre....
Mais, grâce aux vents officieux, (2)
Ta voix, ou joyeuse, ou plaintive,
Peut bien des habitans des cieux
Rendre aussi l'oreille attentive.

---

(1) *Sinite parvulos venire ad me.*

(2) *Partem aliquam, venti, superum referatis ad aures.*

VIRGILE.

Du ton dolent de la pitié,

Lorsqu'au trépas quelqu'un succombe,

A la nature, à l'amitié

Fais un triste appel sur sa tombe;

Mais quand s'unissent deux époux,

Ou quand un enfant vient à naître,

Qu'un carillon badin et doux

Le donne soudain à connaître.

Si le feu prend dans ces cantons,

En plein jour ou dans les ténèbres,

Avec tes sœurs des environs (1)

Concerte vingt tocsins funèbres:

Que la flamme à ce triste écho

Pâlisse, décroisse et s'arrête,

Comme les murs de Jéricho

Tombaient au son de la trompette.

Proclame le jour du Seigneur,

Et les simples jours de férie,

Répète à chaque agriculteur

Que celui qui travaille prie.... (2)

____

(1) Les cloches d'Ivry, de Choisy, de Gentilly, de Ville-juif, etc.

(2) *Qui laborat, orat.* (S. Augustin.)

Mais force le riche ennuyé
A voir le lever de l'aurore,
Et qu'au voyageur fourvoyé
L'angélus du soir serve encore.

Que si des sonneurs entêtés
A maintenir de sots usages,
Par tes refrains précipités
Voulaient conjurer les orages,
De par le préfet souviens-toi
De la salutaire ordonnance (1)
Qui, dans ce cas, à tout beffroi
Impose un rigoureux silence.

Garde la vive expression
De ton alégresse dévote
Pour annoncer l'Assomption,
Pâques, Noël, la Pentecôte;
Mais sans oublier le patron
Devant qui tout Vitry s'incline,
C'est surtout saint Napoléon
Que doit célébrer Joséphine.

____

(1) Arrêt du parlement du 29 juillet 1784.

Si jamais quelque faction
Tentait d'emprunter ton organe,
Instrument de réunion,
Ne souffre pas qu'on te profane....
D'un ministre plein de candeur (1)
C'est l'intention bien précise;
C'est l'ordre de notre empereur,
C'est le vœu du chef de l'église.

____

(1) M. Portalis, ministre des cultes.

LE PROCÈS DU MITRON DE POITIERS.

1795.

Air de la parole.

Des guerriers riches et dévots
Qui se dévouaient aux croisades
On sait que l'abbé de Clairvaux (1)
Soutirait jusqu'à des bourgades.
Qui n'a pas vu l'acte où ce saint,
A Signy, pardevant notaire. (2)
Donne, de la main à la main,
Dans le ciel autant de terrain
Qu'il en prend de lui (*bis*) sur la terre.

Mais on ne sait pas qu'à Poitiers
Un chanoine de Saint-Hilaire,
Qui confessait très-volontiers
Un boulanger sexagénaire,

____

(1) Saint-Bernard.
(2) Cet acte scandaleux est transcrit dans le *Longuerana*,
et peut être compulsé par tout le monde dans les manuscrits
de la Bibliothèque nationale, où il est en original.

Joua si finement son jeu,
Qu'avec des mots et des paroles,
Quand il le vit à l'instant de
Restituer son ame à Dieu,
Il lui fit donner (*bis*) cent pistoles.

Le fils, qui s'appelait, je croi,
Boisrond, comme feu son cher père,
Invoque au même instant la loi
Contre un legs qui fait sa misère :
Mais bien loin d'être intimidé
Par ces débats préliminaires,
Mon cafard, d'un ton décidé,
Dit que le mort a commandé
Pour mille francs net (*bis*) de prières.

Mais si feu mon père est damné,
Criait Boisrond à perdre haleine,
De tes vœux le pouvoir borné
Ne saurait le tirer de peine ;
Que, s'il est dans le paradis,
Sa gloire est pleine, et je te jure
Que les messes que tu lui dis,
A trente, à vingt, à quinze, à dix,
N'en augmentent point (*bis*) la mesure...

Soit, répond le prêtre ergoté ;
Ton argument est péremptoire :
Mais si ton père est garrotté
Dans les liens du purgatoire...
Raison de plus, répond Boisrond,
Pour bannir toute patenôtre.
Mon père est tout uni, tout rond,
Mon père, au fait, n'est qu'un mitron ;
Il fera son tems (*bis*) comme un autre.

DE TREMBLEMENT DE TERRE.

1802.

Air des trembleurs.

DE fuir sur un emazette
Il n'est plus tems, ma Lisette;
J'en atteste la gazette,
Echo de tant de malheurs.
Si partout la terre tremble
Il vaut bien mieux, ce me semble,
Que nous nous mettions ensemble
A chanter l'air des Trembleurs.

Au surplus, gagnons la plaine,
Munis d'une amphore pleine;
Mais n'allons pas d'une haleine
La tarir imprudemment:
Le sol commence à se fendre;
Trinquons, trinquons sans répandre;
Trinquons, pour ne pas entendre
Ce sinistre craquement.

Constantinople s'écroule,
Dans la mer Alger s'éboule,
Dans la Néva Moscow roule ;
Strasbourg même est chancelant.
Le coquin et l'homme probe
Vont périr avec le globe :
Qu'un doux baiser nous dérobe
Ce spectacle désolant.

Il n'est pas jusqu'au Parnasse,
Dont le sommet, plus tenace,
En ce moment ne menace
De s'ouvrir du haut en bas.
Voltaire, obscure victime,
Va descendre dans l'abyme
Avec l'écrivain sublime
Du feuilleton des Débats.

N'en ayons souci ni cure ;
Mais (avant qu'on nous procure
Les ouvrages d'Epicure
Tout récemment découverts !)

Mieux qu'avec des romans sombres
Nous descendrons chez les ombres
En dansant sur les décombres
De ce fragile univers.

SUR LA CHUTE DU GATEAU DES ROIS.

1782.

AIR : Ce fut par la faute du sort

Eн vîte, mon pauvre Apollon ;
Il te faut ici par contrainte
Mettre un crêpe à ton violon,
Et jouer des airs de complainte.
Je regrette un de nos enfans
Dont le tant douloureux martyre
Attendrira dans cent mille ans,
Supposé qu'on sache encor lire.

Vivent les jours que de vieux *us*,
Nés de la coutume païenne.
Du nom de Mars et de Vénus
Firent nommer dans la semaine !
Ces jours-là pour être applaudi
Le Vaudeville a carte blanche :
Mais tel qui rit le vendredi
Doit, dit-on, pleurer le dimanche.

Aussi vient-on de nous fesser,
Avec l'intention notoire
De nous contraindre à revisser
Une trop féconde écritoire.
Amis rivaux, tenez-vous prêts ;
Notre pièce envoyée *aux peautres*
A tant consommé de sifflets,
Qu'il n'en reste plus pour les vôtres.

« Mais sifflait-on réellement ?
« Ne sont-ce pas aussi des fables ? »
Messieurs, j'en parle savamment :
On eût dit, de par tous les diables,
De ces vents qui, sur un pallier
L'hiver soufflant à l'aventure,
Sifflent sans cesse pour entrer,
Ou pour sortir par la serrure.

« En ce cas, loin d'être absorbé
« Par une épreuve aussi fatale,
« Comme le moindre auteur tombé
« Criez bien vîte à la cabale. »

Ma foi j'ai peut-être en effet
Plus d'ennemis que l'on ne pense,
Et je veux même à ce sujet
Examiner ma conscience.

Du Vaudeville turbulent
D'abord j'ai vanté l'oriflamme ,
Aux dépens du drapeau sanglant
Que traîne le funèbre drame.
J'ai de plus, de mon esponton
Percé la critique alarmée,
Et des dents du serpent Python
Il naît quelquefois une armée.

Enfin, si dans le saint vallon
J'ai ri quand maint prêtre d'Euterpe
Notait à coups de goupillon
Des vers taillés à coups de serpe ,
Pour nous huer en a-mi-la
La nation philarmonique,
A travers tout ce brouhaha ,
A bien pu fourrer sa musique.

« Mon cher, il est des ennemis
« Qui vous ont nui bien davantage. »
Je vous entends et je frémis;
Ce sont les défauts de l'ouvrage.
Je vais consulter tour à tour
Chaque écrivain qui nous condamne,
Comme un sage en agit un jour
Avec les juges de Suzanne.

Ah! monsieur, me dit le premier,
Supprimez la première scène.
Le second se mit à crier:
Fi! que la seconde est obscène!
Ainsi de suite; et le dernier,
D'une égale judiciaire,
Me conseille en particulier
De ne toucher qu'à la dernière.

Comment céder à tant de lois?
Il faut mieux tout risquer sans doute.
Acteurs, pour nous jouer deux fois
Je sens combien il vous en coûte;

Car, nous ne pouvons le nier,
Nous sommes morts de mort subite...
Mais pour un jugement dernier
C'est le moins qu'on nous ressuscite.

LE MOIS DE MESSIDOR.

AIR : Il était une fille. (D'Annette et Lubin.)

Gaiment j'eusse à la fraîche
Célébré *Germinal*,
Et *Floréal*, et *Prairial :*
Mais la chaleur m'empêche
De prendre un noble essor ;
Ma muse en *Messidor*
    Dort.

On sait trop bien son monde
Pour, au nom d'Apollon,
Aller racler du violon,
Ou brailler à la ronde
Lorsqu'à la gerbe d'or
Cérès en *Messidor*
    Dort.

Adroit en pure perte,
Le chasseur le plus chaud
Pendant ce mois reste manchot
Et la gueule entr'ouverte,
Au fond d'un corridor
Sa chienne en *Messidor*
          Dort.

Mondor n'a plus la force
De compter son trésor,
Ni de rogner les pièces d'or :
Aussi, faute d'amorce,
L'usure de *Mondor*,
Pendant tout *Messidor*
          Dort.

Ami du jeu de l'ombre,
Autour d'un tapis vert,
Si *Damis* veilla tout l'hiver,
Damis, mettant à l'ombre
Spadille et *Matador*,
Pendant tout *Messidor*
          Dort.

Tandis qu'on exécute
Du *Gluck*, du *Philidor*,
De ce concert d'où vient qu'on sort,
C'est que depuis la flûte,
Jusque et compris le cor,
L'orchestre en *Messidor*
     Dort.

Ce mois pour le spectacle
(Je m'en plains sans façon)
N'est pas le mois de la moisson :
Dans l'espoir d'un miracle
Le caissier *Floridor*
Pendant tout *Messidor*
     Dort.

Par ce mois volcanique
Que de bleds sont mûris !
Mais que de myrtes sont flétris !
A côté d'*Angélique*
Le trop tendre *Médor*
Pendant tout *Messidor*
     Dort.

En face de *Rosine*
Almaviva ne fait
Que des *fron-fron* d'un mince effet.
Lorsque sa mandoline
Sonne l'air de *Lindor*,
Lindor en *Messidor*
      Dort.

Eh ! quel acteur en scène
Au *duo* le meilleur
Mettrait l'été de la chaleur ?
Près de sa belle *Arsène*
Le très-cher *Alcindor*
Pendant tout *Messidor*
      Dort.

Quelque ardeur qui dévore
Zémire et son *Azor*,
Almanzine et son *Almanzor*,
Phrosine et *Mélidore*,
Zélinde et *Zélindor*,
Tout ça dans *Messidor*
      Dort.

Bref, moi qui de ma femme
Devrais charmer le sort,
(Je serai *Saint-Jean-Bouche-d'Or*)
J'avouerai que ma flamme
Pendant deux mois en *or*,
Sans compter *Messidor*,
Dort.

LA DERNIÈRE FOIS,

ROMANCE.

AIR : Te bien aimer, ô ma chère Zélie.

TENDRE coquette, es-tu donc assez bonne
Pour te soumettre à de nouvelles lois?
De ton été réchauffe mon automne;
Je veux aimer pour la dernière fois.

Je fus trompé presque toute ma vie,
Croyant sans cesse avoir fait un bon choix :
Tu juges bien que toute mon envie
Est d'être aimé pour la dernière fois.

Si Vénus même osait sur mon passage
Contre les tiens faire valoir ses droits,
Je lui dirais : Je ne suis plus volage,
Et j'aime enfin pour la dernière fois.

12 *

De ton côté, d'Adonis et d'Hercule

Brave l'amour ; je le veux, tu le dois ;

Car je mourrais avec le ridicule

D'être jaloux pour la dernière fois.

LE COMPLIMENT

DES DAMES ET DES FORTS DE LA HALLE,

à l'occasion du sacre de S. M. l'Empereur
Napoléon Ier.

Air des Mariniers d' la Guernouillère.

UNE DAME DE LA HALLE.

Malgré qu' ta couronne impériale
R'luis à l'égal d'un firmament,
Napoléon, reçois l' compliment
Des dam' z'et des forts de la halle,
Qui sont d'avis que ta valeur
R'luit encore avec plus d' splendeur.

UN FORT DE LA HALLE.

J'ons dans l' parvis z'avec not' femme
Fait un petit raisonnement ;
C'est que c' n'est pas un bâtiment
Mille fois grand comm' Notre-Dame

Qui s'rait capable d' contenir
Tous ceux qu' ont sujet de t' bénir.

LA DAME.

J'admirons l'épée d' Charlemagne ;
Ça fait, mordienne, un beau morciau !
Mais après qu' j'ons crié : Bravio,
Si l'on veut que l' plaisir nous gagne,
Qu'on nous laisse voir à not' gogo
Celle qui t' servit à Mariengo.

LE FORT.

Moi, qui n' suis pas tout à fait cruche,
Quand j' vois d'z abeill' sur ton manteau,
Je me dis z'à part, z'incognito,
Chaqu' manifacture est eun' ruche
Où ce que l'empereur, d' l'avis du ciel,
Veut que l' commerce aill' fair' son miel.

LA DAME.

Après sa r'marqu' je fais la mienne :
Le clergé sonne son bourdon ;
Les braves tiriont leur canon,
Et nous j'ons la Samaritaine,

A qui je f'sons eu carillon
Chanter : Vive Napoléon !

LE FORT.

Quand j'ons vu passer le Saint-Père,
Le légat et les cardinaux,
Autour de moi, z'à mes z'égaux,
J'ons dit d'eune voix de tonuerre :
« Voisins, not' choix est confirmé;
« Dieu bénit s'tilà qu' j'ons nommé. »

LA DAME.

J'ons vu ta chère Joséphine,
Et j'ons vu l'archi-chancelier,
Et j'ons vu l'archi-trésorier,
Et tes p'tits pag' de fort bonn' mine,
Not' gouverneur, nos maréchaux,
Nos ministr' et nos généraux.

LE FORT.

J'ons vu le corps diplomatique,
L' conseil d'état et le sénat,
Les législateurs, l' tribunat,
(Ça f'sait un coup d'œil magnifique !)

Puis les préfets et sous-préfets,
Et les maires bien satisfaits.

LA DAME.

J'ons vu tout' les cours de justice
Et tous les présidens d' canton...
Si quelque erreur d'ordre ou de nom
Dans ma mémoire ici se glisse,
C'est qu'il aurait fallu z'avoir
Les cent z'yeux d'Argus pour tout voir.

LE FORT.

J'ons vu z'encor tes hériaults d'armes
Qui, quand j'nous trouvions sur leurs pas,
Nous j'taient ton image dans les bras.
Quoiqu' ces médaill' z'aient biaucoup d' ch...
J'aimerions mieux te voir copié
En bronze, à ch'val ou bien à pié.

LA DAME.

Lorsque tu viendras z'à la ville,
Vantez que j' t'offrirons des fleurs !
G'n'y en n'aura pas d' tout' les couleurs,
Parc' que la saison z'est stérile ;

Mais si j' n'en ons qu' par p'tits paquets,
Nos cœurs suppléeront z'aux bouquets.

LE FORT.

Vivent notre bonne impératrice,
Et tes parens et ses parens !
Ni pour leux biens, ni pour leux rangs
Aucun orgueil chez eux n' se glisse,
Aussi chacun d'eux tour à tour
A-t-il eun' part dans not' amour.

LA DAME.

Faut z'espérer qu'après la guerre
La paix s' fixera parmi nous.
D'aillieurs, qu' signifirait l' courroux
Des lézopards de l'Anguelterre,
Quand l'aigle avec deux yeux perçans
Voir d' si haut leux complots m'naçans.

LE FORT.

Napoléon, l' z'anglais rebelles
De te nuire ont en vain tenté.

Le ciel qu' est toujours d' ton côté
Vient d' faire encor les vign' si belles,
Que j' pourrons boire à ta santé
Pendant tout' z'une éternité.

LE RÉTABLISSEMENT

DES ANCIENS TROUBADOURS.

Air nouveau de M. de Piis.

Sous les drapeaux des Ris et des Amours
Qu'on rétablisse un corps de Troubadours,
Et d'entrer dans les rangs sur-le-champ je m'honor' :
Ce qui fut bon jadis aujourd'hui l'est encore,
    Et le sera toujours.

Si nuls revers ne troublent nos amours,
Par vaux, par monts, fortunés Troubadours,
Nous dirons en riant sur notre luth sonore :
Comme on aima jadis, et comme on aime encore,
    On aimera toujours.

Mais s'il advient échec à nos amours,
Nous chanterons, malheureux Troubadours :
Adieu Lise, Cloris, Bélinde et Léonore !
Puisqu'on trompa jadis, et puisqu'on trompe encore,
    On trompera toujours.

LE LUTH DU VAUDEVILLE.

AIR : Il faut de la santé pour deux.

AVANT d'être anacréontique,
Belliqueux, bachique et moral,
Le petit Vaudeville antique
N'était qu'un ménestrel rural :
N'ayant qu'une corde à sa lyre,
Par un monotone bourdon,
De Sylvandre et de Sylvanire,
Il réglait le froid rigaudon.

Importuné de sa routine,
Amour l'accoste au coin d'un parc :
« Prends, dit-il, la corde argentine
« Qui servit jadis à mon arc,
« Et, sous le balcon des cruelles,
« A l'espagnole, en tapinois,
« Tu pourras des amans fidèles
« Seconder le geste et la voix. »

Mars arrive, et Mars lui présente
Une autre corde en fil de fer.
« Enfant, tu pourras, je m'en vante,
« Le prendre aussi sur un ton fier,
« Et diriger les pas rapides
« Des Français, mes plus chers guerriers,
« Quand leurs phalanges intrépides
« Courront moissonner des lauriers. »

Perché sur l'âne de Silène,
Bacchus approche au même instant,
Et dit, en prononçant à peine :
« Prends cette corde, mon enfant ;
« Faite avec du poil de ma bête,
« Elle rendra des sons divins
« Quand il s'agira de ma fête,
« Et de l'éloge des bons vins. »

A son tour Minerve l'aborde,
Et lui dit : « Mon ami, je veux
« Composer ta dernière corde
« D'une tresse de mes cheveux :

« Elle sera grave et sonore
« Sous les doigts des sages rimeurs
« Qui savent s'honorer encore
« De célébrer les bonnes mœurs. »

Ainsi du petit Vaudeville
Le luth à la fin fut complet.
Sur plusieurs tons, aux champs, en ville
Tour à tour c'est ainsi qu'il plaît:
C'est à qui, malgré la satire,
En pincera: mais en effet
Je crains qu'aucun de nous n'en tire
Comme Panard l'accord parfait.

L'ORIGINE DE LA PITIÉ.

Air : Annette à l'âge de quinze ans, *ou :* C'est un propos,
c'est un regard.

La Pitié parmi les mortels
Devrait obtenir des autels ;
Car cette déesse un beau jour
    M'a fait connaître
    Qu'elle tient l'être
    Du dieu d'amour.

Il avait par désœuvrement
Détendu son arc un moment ;
Mais tout à coup (quelle noirceur !)
    Il se ravise,
    Le tend, et vise
    Sa propre sœur.

En repoussant ce premier dard
L'Amitié fuit mon égrillard ;
A l'ajuster sur nouveaux frais
    Comme il persiste,
    Elle résiste
    A tous ses traits.   13

Mais la nuit vient : l'Amour madré
Poursuit sa sœur, bon gré, malgré,
Et surprend ses sens éperdus
    Malgré les larmes
    Par qui ses charmes
    Sont défendus.

De son trop coupable succès
L'Amour ose rire à l'excès ;
Et de cet inceste oublié
    Naît une fille
    Triste et gentille....
    C'est la Pitié.

Oh combien cet enfant charmant
Tient du père et de la maman !
Aperçoit-elle un indigent,
    Elle soupire ;
    Mais sait sourire
    En l'obligeant.

LE COMPLIMENT

DES BOUQUETIÈRES ET DES BATELIERS,

à l'occasion de la fête donnée le 25 frimaire
à S. M. L'EMPEREUR par la ville de Paris.

AIR : Reçois dans ton galetas.

UNE BOUQUETIÈRE.

SAIS-TU ben, pèr' l'Aviron,
Qu' les bouq'tier' mes camarades
Sur l' pont Notre-Dame, en rond,
Tout à l'heur' faisaient mill' gambades
De c' que l' bien-aimé d' nos cœurs
Vient à nous par l' marché z'aux fleurs. (*Bis.*)

UN BATELIER.

Sais-tu bien, mam'zell' Suzon,
Qu' tu n' dois pas fair' tant la fière :
D'pis l' Pont-Neuf, comm' de raison,
L'Emp'reur a suivi la rivière ;

J' devons êt' ben plus contens,
Drés que j' l'ons vu ben plus long-tems.

LA BOUQUETIÈRE.

Les mœurs, les arts z'et les lois,
L'agricultur' et l' commerce,
D'pis l' dix-huit d'un certain mois
J'ons r'marqué, vois-tu, qu'il s'exerce
A faire ici tout r'fleurir,
Et c'est c' qui me le fait chérir.

LE BATELIER.

J'ons dans un péril urgent
Du poignet et des épaules;
Mais je n' somm' que d' la Saint-Jean
Près du grand batelier des Gaules.
Seul comme il vous a r'levé
Not' vaisseau qu' était engravé!

LA BOUQUETIÈRE.

A cet illustre guerrier,
Quoiqu' dans eun' saison cruelle,
J'offrons un bouquet d' laurier
Avec eun' couronn' d'immortelle.

Que n' puis-je aux Anglais aussi
En mêm' tems donner du souci !

LE BATELIER.

Avec toi je somm' d'accord.
Je n' sis qu'un marinier d' Seine ;
Mais si j' tenions sur mon bord
Monsieur Pitt, par la ventredienne !
Ou j' li f'rais faire le plongeon,
Ou j' li f'rais avaler l' goujon.

LA BOUQUETIÈRE.

Nous jurons fidélité
A not' souverain suprême ;
Nous buvons à sa santé,
Et j' somm' certain' qu'à l'instant même
Not' serment et not' trinqu'ment
S' répèt' dans chaq' arrondiss'ment.

LE BATELIER.

J'entends maint et maint savant
M' vanter l'eau d'Hirpocrène ;
Mais j' mettons auparavant
Des Saints Innocens la fontaine,

D' pis qu'un enchant'ment divin
Au lieu d'eau l'i fait j'ter du vin.

LA BOUQUETIÈRE.

C' vin-là t'a rendu madré ;
Tu m' diras mieux que personne
Quoiq' c'est qu'un bachot doré
Qu'à not' Emp'reur la Ville donne.
C'est d' ta compétence à toi
D' m'expliquer ça de bonne foi.

LE BATELIER.

De la bonn' vill' de Paris
C' biau bachot il est l'image,
Et l'Emp'reur n'est pas surpris
Qu'en grand' pompe on l'i en fasse hommage.
I' s' donne à nous aujourd'hui ;
J' nous donnons en échange à lui.

LA BOUQUETIÈRE.

Pisque tes zà mon égard
D'eun' complaisanc' sans pareille,
Pèr' l'Aviron, point d' retard ;
Dis-moi dans l' tuyau de l'oreille

Ce que signifi' donc l' tableau
Des rochers peints d' l'aut' côté d' l'eau.

LE BATELIER.

Ça veut dir' qu' du tems d' César,
Et même de Charlemagne,
De franchir l' mont Saint-Bernard
On se s'rait fait une montagne;
Au lieu qu' l'grand Napoléon
Vous l'a passé comme un vallon.

LA BOUQUETIÈRE.

Un violon sur l' quai Pel'tier
M'a d'mandé z'où qu'on s'accorde.
En prenant un air z'altier
J' lon r'lancé sans miséricorde :
« D'pis qu' j'ons eun Emp'reur d' not goût,
« Monsieur, z'on s'accorde partout. »

LE BATELIER.

Nos cris de viv' l'Empereur,
Et de viv' l'Impératrice
S' confondront dans la rumeur
De la musiqu' et d' l'artifice;

Mais pour not' écho principal
J'ons en d'dans l' corps municipal.

LA BOUQUETIÈRE.

Ça posé, pèr' l'Aviron,
Comm' les bell' dam' faut que j' danse.
Si tu s'es z'un bon luron,
Fort sur l'article ed' d' la cadence,
J' nous en irons z'au pas redoublé
Fair' nos bamboch' sur l' Port z'au Blé.

LE BATELIER.

V'là qu'est dit, mamzell' Suzon;
On f'ra droit à vot' demande :
Sur l' pavé, faut' de gazon;
J' dans'rons la valse et pis l'all'mande,
A la r'verbération
D' la grande illumination.

STANCES

chantées dans un repas où se trouvaient
M. l'archevêque, les grands-vicaires et les
curés de Paris, ainsi que plusieurs fonc-
tionnaires publics civils et militaires.

1803.

Air : Ah! rendez grâce à la nature.

Des héros de l'antiquité
Bonaparte, aux yeux de la France,
Retrace à lui seul l'équité
Et le savoir et la vaillance :
Tel le plus digne des pasteurs
Pour ses fidèles qu'il captive
Est un tableau vivant des mœurs
Qu'offrait l'église primitive.

Aussi plus de chisme outrageant,
Plus d'aigreurs, de rixes perverses ;
Après un déluge affligeant
Et d'erreurs et de controverses,

2   14

La colombe au bec veut avoir
Un brin d'olivier pacifique :
L'arc-en-ciel qu'on aime à revoir
C'est la morale évangélique.

Puisqu'au gouvernement français,
Plein de force et plein de sagesse,
Les ministres d'un Dieu de paix
Ont juré constance et tendresse,
Ah ! dans l'art d'émouvoir les cœurs
Ils prendront Fénélon pour maître :
Indigens, tarissez vos pleurs ;
Un Vincent de Paul peut renaître.

Pontifes, guerriers et préfets,
Charité, vigueur et prudence ;
Nous devrons de nouveaux bienfaits
A votre bonne intelligence :
Nous remplirons les vœux du ciel,
Les vœux du consul et les vôtres :
Heureux, en aimant l'Eternel,
De nous aimer les uns les autres !

LES TROIS CONCORDATS,

STANCES.

1803.

AIR : Ah ! rendez grâce à la nature.

GLOIRE, honneur, amour à celui
Qui sut régénérer la France !
Mais alors que par son appui
Nous renaissons à l'espérance,
Au bonheur entier des Français
Trois concordats sont nécessaires,
Et pour en hâter le succès
Formons en chœur des vœux sincères.

Laissez prêcher l'amour de Dieu,
Philosophes de chaque espèce ;
Pontifes, laissez en tout lieu
Chanter l'amour de la sagesse :

De votre éclatante union
On peut prévoir l'heureuse suite;
Avec la superstition
L'athéisme prendra la fuite.

Donnez-vous la main sans détour,
Républicains et royalistes
Qui vous montrâtes tour à tour
Grands guerriers et grands publicistes:
Au sein d'un bon gouvernement
Votre alliance réfléchie
Fera trembler également
Le despotisme et l'anarchie.

Ecrivains de tous les partis,
Embrassez-vous malgré Zoïle:
Qu'à ses débats anéantis
Succèdent l'aimable et l'utile;
Qu'une vive émulation,
Et qu'une indulgence éternelle
Détruisent l'adulation
Et la satire personnelle.

CONSEILS A MA MUSE.

(Imitation de Martial, livre VIII,
épigramme III.)

AIR : J'ai vu souvent dans mes voyages.

J'IGNORE quel projet tu trames;
Mais je te dis à haute voix
Ce qu'un bon faiseur d'épigrammes
Disait à sa muse autrefois :
« Serais-tu donc assez ingrate
« Pour sortir du genre léger?
« Ton amour-propre en vain te flatte;
« Tu ne peux que perdre à changer.

« En vers tonnans et symétriques
« Te sied-il de célébrer Mars?
« Il vaut bien mieux que tu te piques
« De chanter l'Amour et les Arts.
« De pleurs dois-tu remplir une urne,
« Lorsque tu sais rire aux éclats?
« Dois-tu chausser le lourd cothurne
« Quand tes pieds sont si délicats?

14 *

« Tu verrais le maître d'école
« S'égosiller en te dictant;
« Tu verrais l'écolier frivole
« Te maudire en te récitant.
« Ah! crois-moi, laisse la facture
« De ces ouvrages à grand bruit
« Aux savans qu'une lampe obscure
« Enfume encore après minuit.

« Sur tes lyriques bagatelles
« Répands le sel et la gaîté;
« Livre des attaques nouvelles
« Au siècle, à sa frivolité....
« Tu plairas, je te le répète,
« Rien qu'avec de simples pipeaux :
« Ils l'emportent sur la trompette
« Quand on les embouche à propos. »

APOLOGIE DE LA POLICE.

A une dame qui assurait que tous ceux qui
étaient à la tête de cette administration
étaient *effroyables et effrayans.*

AIR : J'ai vu souvent dans mes voyages.

QUE d'attraits, mais que de malice !
Et par quel préjugé fatal
Décidez-vous que la police
Est effroyable en général ?
Cet arrêt, je vous le proteste,
N'a rien qui doive humilier :
Ce qu'en général on déteste
Pourrait plaire en particulier.

Parce qu'un œil est notre emblème
De surveillance et de rigueur, (1)
Nous faut-il, comme Polyphême,
A Galathée être en horreur ?

____

(1) L'œil d'Argus est un attribut de police.

Ah ! sans compter cet œil austère
Dont le méchant craint le pouvoir,
J'en ai deux qui ne peuvent taire
Le plaisir qu'ils ont à vous voir.

Notre police, à vous entendre,
N'est qu'une Euménide en courroux...
Dont tout Paris ne doit attendre...
Que des chaînes et des verroux...
Mais devriez-vous à la ronde
Répandre ces propos amers,
Etant de la moitié du monde
Qui retient l'autre dans les fers?

LE SERPENT DE L'ENVIE.

Air : *C'est ce qui nous désole.*

La preuve qu'un serpent jadis
Dans les jardins du paradis
 Rendit *Eve* coupable,
C'est que tout homme est aux abois
S'il trouve un serpent dans les bois,
 Et dit : *C'est bien le diable !*

Mais lorsque l'innocence en pleurs
Rencontre aussi parmi les fleurs
 Ce serpent redoutable,
Il tient de si rusés discours,
Qu'elle finit presque toujours
 Par se *donner au diable.*

Parlons d'un serpent moins benin
Qu'*Alecton* gorgea d'un venin

Atroce et méprisable.....
Dès qu'il s'enfla, dès qu'il siffla
L'univers dit : Ce serpent-là
Ne sera pas *bon diable.*

D'*Aristarque*, de *Bávius*,
De *Zoïle*, de *Mœvius*
Il prit les noms pendables;
Puis s'appela *Coger*, *Gácon*,
Patouillat, *Nonotte*, *Fréron*.....
(Noms qui font peur *aux diables.*)

Or, plus cruel et moins subtil,
Maintenant le monstre aurait-il
Pris quelque nom semblable?
Amis, de la discrétion!...
C'est le seul nom de *légion*
Qui convient *à ce diable*.....

Si vous n'adorez cet aspic,
Et que vous lanciez en public
Un poème estimable.
Il va soufflant dans les journaux
Que tous vos vers plats et banaux
Ne valent pas...*le diable.*

Sa langue est un triple canif,
Par malheur si fort incisif
    Que mon drôle est capable,
Quand il est de mauvaise humeur,
D'envoyer l'auteur, l'imprimeur
    Et le libraire... *au diable.*

Mais il protège, le cruel !
Les satires dont le gros sel
    Creuse un mal incurable ;
Les pamphlets bien empoisonnés,
Et les couplets assaisonnés
    De pointes *à la diable.*

Au reste, le tems n'est pas loin
Où, flasque et sans dard, dans un coin,
    Il mourra misérable.
On le voit déjà, quand il mord
La tombe d'un illustre mort,
    Se faire un mal *de diable.*

O grand Phébus ! à nos auteurs,
Tant poètes que prosateurs,

Donne une paix durable !
Le vrai talent, s'il veut briller,
Doit, sans ramper et sans siffler,
Au corps avoir le diable. (1)

---

(1) *Voltaire* a dit avec raison qu'on ne faisait rien de bien sans avoir *le diable au corps*. Il n'a pas dit qu'il fallait l'avoir dans l'ame ou dans le cœur, comme messieurs les critiques modernes.

SOUVENIR ET AVENIR.

Air : N'est-il, Amour, sous ton empire. (De J.-J. Rousseau.)

Combien vive est la jouissance
Du souvenir !
Et combien faible est l'espérance
De l'avenir!
Du cœur de Rose j'étais maître:
Quel souvenir!
Mais Rose m'oubliera peut-être:
Quel avenir!

J'ai gardé de cent nuits heureuses
Le souvenir;
Mais j'en vois mille ténébreuses
Dans l'avenir.
Je veillais sur le sein de Rose:
Doux souvenir!
Et maintenant.... je me repose....
Sur l'avenir.

Ses lettres sont de sa tendresse
Un souvenir,
Plus qu'un garant de sa promesse
Pour l'avenir.
Je sais trop que l'absence efface
Tout souvenir:
Déjà son abandon me glace
Dans l'avenir.

Hé quoi! flétrirais-je ma vie
Par souvenir!
Puisque ma Rose m'est ravie
Pour l'avenir,
Que jamais sa perte n'afflige
Mon souvenir:
De fleurs en fleurs que je voltige
A l'avenir.

Mais non...... tout encor me rappelle
Son souvenir:
Je la revois tendre et fidelle
Dans l'avenir.

S'il faut qu'à moi Rose un jour pense
Par souvenir,
Amour, fais-moi du moins l'avance
De l'avenir.

LA MORALE DES INCONSTANS.

AIR : Comment goûter quelque repos.

Comment goûter quelque bonheur
Quand on naquit timide et chaste ?
En honneur, le monde est trop vaste;
La vie est trop courte, en honneur.
Autant vaudrait se faire hermite
Que de voir..... une seule fois,
Par-ci par-là, certains minois
Qu'on ne doit plus revoir ensuite.

La brune Églé me charmerait;
Je serais fou d'Iris la blonde;
J'aimerais la grande Raimonde;
La petite Irza me plairait :
Mais autant vaut prendre la fuite
Que de dire...... une seule fois,
Devant le monde, à demi-voix,
Ce qu'on ne peut redire ensuite.

Et cependant, tout bien compté,
Ce scrupule est par trop maussade :
Sur ce globe, où tout est passade,
Passons-nous l'infidélité.
Brune et blonde, grande et petite,
Laissez-moi vous prendre.... une fois
Un baiser, mais en tapinois,
Sauf à ne rien reprendre ensuite.

LES BERGÈRES DU JOUR,

OU

HISTOIRE D'UN PAUVRE MOUTON.

AIR : Avec les jeux dans le village.

Si les bergères de notre âge
Sur un cœur tendre ont quelques droits,
J'eusse brûlé bien davantage
Pour les bergères d'autrefois.
Thérèse, Églé, Lise, Colette,
Digne ornement de leurs cantons,
Ne se servaient de la houlette
Que pour conduire leurs *moutons*.

On peut vanter le maintien leste
Et d'Araminte et de Phryné ;
Mais, hélas ! leur costume agreste
Avec trop d'art est combiné.
Tout en prenant la collerette,
Sans rien rabattre de leurs tons,
Elles mènent à la baguette
Les hommes comme des *moutons*.

Hier Marton la pastourelle,
Dont on connaît les agrémens,
Se faisait suivre à *Bagatelle*
Par un nombreux troupeau d'amans :
Entre eux voilà que je me range
Près de la folâtre Marton,
Et que *dans la main je lui mange*
Comme chaque *robin mouton.*

Pour étouffer ma voix nouvelle
D'autres auteurs, vrais agnelets,
Les genoux pliés devant elle,
Lui bêlent d'innocens couplets :
Mais notre coquette champêtre
Me sourit tant que nous luttons,
Et feint de les envoyer paître
Comme de vulgaires *moutons.*

Aussi, bien loin que je m'en aille,
Je me penche contre son sein.
De son joli chapeau de paille
Elle se dégage à dessein ;

Puis m'attachant le ruban puce
Qui lui captivait le menton : (1)
Charmant, dit-elle avec astuce,
Je te crois doux comme un *mouton.*

Bientôt la nuit couvre la ville ;
Il faut regagner le bercail :
Marton ne veut pas que je file
Avec le gros de son bétail ;
C'est à ses côtés que je trotte....
Mais à peine entré l'on me tond,
Et l'on m'égorge (à la bouillotte)
Comme un pauvre petit *mouton.*

____

(1) *Vide* l'Oracle, comédie de Saint-Foix.

QUESTIONS

À un paysan que je n'ai pas vu depuis quinze
ans.

AIR : Que ne suis-je la fougère.

— Père Alain, qu'est devenue
La terre où de bons parens,
Dans une paix continue,
Ont choyé mes plus beaux ans?
— Hélas! en un moindre gîte
Chacun d'eux tous est logé :
Leur fortune est plus petite,
Mais leur cœur n'est point changé.

— Père Alain, qu'est devenue
Sur ce tombeau que je fis
L'épitaphe ainsi conçue :
A SA MÈRE UN TENDRE FILS?
— Mon cher monsieur, malgré l'arbre
Qu'au devant vous aviez mis,
Tout s'est effacé du marbre
Sous les pleurs de vos amis.

—Père Alain, qu'est devenue
Cette fontaine d'Amont,
Qu'en son lit j'ai contenue
Par un cailloutis profond?
— Ah! monsieu, rien, quand j'y pense,
N'est plus doux que ses glougoux;
Mais qu'il a dans votre absence
Passé d'eau sur vos cailloux!

—Père Alain, qu'est devenue
Au bas du moulin à vent
Cette superbe avenue
Où je lisais si souvent?
— Sous la cognée inhumaine
Tout l'ombrage en a péri;
Et celui qui s'y promène
N'y rencontre plus d'abri.

—Père Alain, qu'est devenue
Cette prairie où le soir
Pour chanter ronde connue
Parmi vous j'allais m'asseoir?

— Au bruit d'une aigre musette,
Las! par fois nous y dansons;
Mais l'écho dans sa disette
Soupire après vos chansons.

—Père Alain, qu'est devenue
La cloche au timbre argentin
Qui, fendant au loin la nue,
M'éveillait si grand matin?
— Comme autrefois elle sonne,
Et comme autrefois j'ai soin
De prier Dieu qu'il vous donne
L'or dont vous avez besoin.

—Père Alain, qu'est devenue
La famille *Olibrius*,
Qu'autrefois j'ai soutenue
Par un prêt de mille écus?
— Des usures criminelles
L'ont remise en crédit; mais
Les ingrats de vos nouvelles
Ne m'ont demandé jamais.

—Père Alain, qu'est devenue
Cette chienne au long museau,
A peine au monde venue
Quand je vous en fis cadeau?
— Aveugle est la pauvre *Flore*;
Mais si vous veniez chez nous
Vous la verriez bête encore
A se souvenir de vous.

—Père Alain, qu'est devenue
Votre femme au sourcil noir,
En ce tems-là si menue,
Qu'on accourait pour la voir?
— Vous lui rendriez justice;
Car j'ai bien d'elle en effet
Quinze enfans, sans préjudice
De celui qu'elle mé fait.

—Père Alain, qu'est devenue
Dans son castel ténébreux
La bachelette ingénue
Dont je fus tant amoureux?

— Elle a joint sa destinée
A celle d'un vieux *Pandour,*
Qui moins l'aime en une année
Que ne l'aimiez en un jour.

COUPLETS

A Mᵐᵉ CLARISSE LALLEMAND,

en lui envoyant le prix de deux aunes de drap
qu'elle m'avait cédées depuis un an.

Aɪʀ : J'étais bon chasseur autrefois.

Jᴇ m'aperçois incontinent,
En mettant le nez dans mes livres,
Que je vous dois depuis un an
Soixante-quatre francs, ou livres.
Clarisse, puisque je suis né
Avec aussi peu de mémoire,
Pourquoi ne m'avoir pas donné
En vrai marchand votre mémoire ?

Je ne suis point au vol enclin,
Et vous avez dû trouver drôle
Que de l'avocat Patelin
Je jouasse aussi bien le rôle.

Pour mieux imiter ce larron,
Au fort de mon inadvertance,
C'est à du drap couleur marron....
Que j'ai donné la préférence.

J'ai pris votre drap, je l'ai pris,
Et puis j'ai trouvé fort commode,
Sans plus m'inquiéter du prix,
De m'en faire un frac à la mode.
Puis je l'ai fait garnir, je crois,
De vingt boutons de métal jaune;
Puis je l'ai porté douze mois,
Pour savoir ce qu'en valait l'aune.

Comme Geoffrin, comme Tencin,
Aux poètes, aux philosophes
Pourriez-vous avoir le dessein
De donner des coupons d'étoffes?
On célèbre en vous, à bon droit,
L'art d'écrire et le don de plaire;
Mais qui vous lit et qui vous voit
A déjà reçu son salaire.

Veuillez donc signer au porteur
Une trop tardive quittance :
Car sur le Pinde, comme auteur,
Quelquefois encor je m'élance ;
Et c'est bien assez qu'un censeur
M'habille mal quand il m'attrape,
Sans que l'on dise avec noirceur
Que le beau sexe aussi me drape.

POMPONS ,

chanson à boire chantée chez M. Brigot le
14 frimaire, au repas de l'état-major des
pompiers.

AIR : Tarare pompon.

La paix ! la paix ! la paix !
Muse, il faut qu'on s'empare
Pour chanter ses bienfaits
De tous les airs français,
Même de la fanfare,
Jadis en grand renom,
Qui finit par *Tarare*
      Pompon.

Apportez cent flacons ;
Qu'à chacun d'eux je goûte.
Qu'est-ce que nous risquons ?
Veut-on trinquer, trinquons.

Et nargue de la goutte !
Veut-on lamper, lampons ;
Veut-on pomper sa goutte,
　　Pompons.

Par ses feux vagabonds
Lorsque Vulcain fait rage,
Pour appaiser ses bonds
Des tonneaux d'eau sont bons ;
Mais quand la soif ravage
La gorge et les poumons,
Le vin seul nous soulage :
　　Pompons.

Paul voudrait du *Campra :*
Pierre veut qu'on s'abstienne
De tout autre Opéra
Que l'Opéra-Buffa :
Job veut que l'on s'en tienne
Au plain-chant des réponds :
Moi j'en suis pour l'antienne
　　Pompons.

Il est un grand pompier
Qui de l'horrible guerre
A détruit en entier
Jusqu'au dernier brasier...
République, à ta gloire,
Grâce à lui, je réponds
Que nous pouvons tous boire :
             Pompons.

Tant qu'au canon ronflant
Un cri de mort s'allie,
On n'entend qu'en tremblant
Chaque *Pon-pon* roulant...
Mais quand l'airain publie
Qu'avec *Mars* nous rompons,
On aime à la folie
             Pon, Pon.... (1)

L'Hymen et les Amours
Pour repeupler la terre
Les nuits comme les jours
Se joueront mille tours :

____

(1) J'ai mieux aimé manquer à la rime que de joindre une s au pluriel des coups de canon.

Loin des *Grecs* qui courtisent
Argent, billets , soupçons,
Je suis des *Francs* qui disent:
Pompons.

Anglais qui dès long-tems
Avez l'art de nous vendre
Des aciers très-brillans ,
Et de très-noirs romans ,
En troc il faudra prendre
Des vins et des pompons:
D'ailleurs pour nous entendre
Pompons.

Sexe aux regards fripons
Qui fais transir les Grâces,
Trève aux légers *jupons*
De gaze et de crépons ;
Ne mords plus dans ces glaces
Bonnes pour des Lapons :
Du punch à pleines tasses
Pompons.

Par des pamphlets divins
On croit ternir le lustre
De nos grands écrivains :
Efforts plaisans, mais vains ;
Leur souvenir illustre,
En dépit des capons,
Vivra de lustre en lustre.
       Pompons.

On dit que nous campons
Ce printems sur la Seine
Avec *patte et crampons*, (1)
Un pont, deux ponts, trois ponts ;
Mais qu'on m'immole en scène
Si moi je corresponds
Avec son eau mal saine !
       Pompons.

Voici venir l'hiver ;
Les tables s'organisent ;
Tables à tapis vert,
Tables de grand couvert.

---

(1) Style des mémoires de serrurerie ; mais il s'agit des en fer fondu.

A l'ombre du mystère
Que de petits *poupons!*...
Mais il vaut mieux nous taire :
Pompons.

COUPLETS BURLESQUES

chantés dans une société où on avait imposé
à une dame l'obligation de composer une
chanson sur le mot *Souci*. (La dame en
avait chanté en conséquence une très-spi-
rituelle sur ce mot.)

Air des pendus.

Tout mon cerveau s'est rétréci
Quand on a dit : Chantez *Souci ;*
Car, malgré l'éclat monotone
Que sa fleur déploie en automne,
On ne peut que *couça-couci* (1)
Mettre en bonne odeur le *Souci.*

______

(1) *Couça-couci !* quel renversement de mots consa-
crés ! On doit dire *Couci-couça.* Soit ; mais la critique
aurait observé qu'il n'y avait rien de nouveau sous le
soleil.

Certaine Muse, Dieu merci,
En rose a changé le *Souci*:
Mais eût-on (de par Notre-Dame)
Pour emblême à sa noble dame,
Du tems des Bayard, des Couci,
Osé proposer du *Souci*?

Au beau sexe qui vient ici
Que si nous donnons du *Souci*,
J'aurai peur qu'on ne nous suspecte
D'être tant soit peu de la secte
Du philosophe *Sans-Souci*,
Et de feu monsieur d'*Assouci*.

Buvons sec; mais aimons aussi:
Passe pour ce double *Souci*.
Du reste, en enfans d'Epicure,
N'ayons de rien *Souci* ni cure,
Ou retournons la phrase ainsi:
N'ayons ni cure ni *Souci*.

CONSEILS

A MADEMOISELLE LANDERIRETTE,

qui n'a pas encore l'esprit assez fort pour se
mettre au-dessus de certains préjugés sociaux
et de certaines répugnances naturelles.

AIR : Et lon lan la, landerirette, et lon lan la, lan
derira.

QUAND une énorme comète
De la terre approchera,
Au travers d'une lunette
De sang-froid contemplez-la:
Sans quoi de vous, *landerirette,* ⎫
Monsieur *de Lalande* rira.   ⎭ *Bis.*

Quand de la foudre indiscrette
Le vacarme roulera,

N'allez pas, en femmelette,
Vous signer par-ci, par-là:
Sans quoi, etc.

Quand sur votre blanche assiette
La noire Arachné courra,
Pour la croquer sans fourchette
Avec deux doigts prenez-la:
Sans quoi, etc.

La nature s'étant faite
Seule comme la voilà,
Suivez la doctrine abstraite
Du consolant *Spinosa*:
Sans quoi, etc.

Que d'almanachs, ma poulette,
Le jour de l'an vous vaudra!
Mais il faut que l'on n'achette
Que l'almanach de Gotha. (1)
Sans quoi, etc.

____

(1) On assure que M. de Lalande en rédige les calculs et
prédictions astronomiques : ce sont peut-être des contes.

Lisez cette chansonnette,
Et puis au feu jetez-la :
Mais quel mal qu'on la répète,
Qu'on l'imprime, *et cætera ?*...
D'elle et de nous, *landerirette,*
Monsieur *de Lalande* rira.

FIN DES CHANSONS.

TABLE

DES CHANSONS

CONTENUES DANS CE VOLUME.

(204)

FIN DE LA TABLE.

OUVRAGES NOUVEAUX

qui viennent de paraître chez LÉOPOLD COLLIN, libraire à Paris, rue Gît-le-Cœur, n°. 4.

LETTRES de Mesdames de Villars, de Coulanges, de Lafayette, de Tencin, de Ninon l'Enclos et de mademoiselle Aïssé, accompagnées de Notices biographiques, de Notes explicatives, et de *la Coquette vengée*, par Ninon de l'Enclos. 3ᵉ édition. 3 vol. in-12. Prix, 8 fr. 50 c. par la poste.

Lettres de Madame la Duchesse du Maine et de Madame la Marquise de Simiane, pour faire suite aux lettres précédentes. 1 vol. in-12. Prix 2 fr. 50 c., et 4 fr. par la poste.

Lettres de Mademoiselle de Montpensier et de Madame de Motteville, de Madame de Montmorenci, de Mademoiselle Dupré et de Madame la Marquise de Lambert, accompagnées de notices biographiques et de Notes explica-

tives. 1 vol. in-12. Prix 2 fr. 50 cent., et 3 L
25 cent. par la poste.

Lettres de Mesdames Scudéry, de Salvan, de
Sallier et de Mademoiselle Descartes; précédées de Notices biographiques et accompagnées de Notes explicatives, par Léopold
Collin. 1 vol. in-12. 2 fr. 50 cent.

Lettres de Madame de Maintenon, rétablies
dans leur véritable texte, d'après le manus-
crit autographe, et augmentées de près de
300 lettres inédites. 3 vol. in-8°. ornés du
portrait de Madame de Maintenon. Les
mêmes, 4 vol. in-12, avec le portrait.
Ces deux éditions paraitront le 1er mars.

Lettres de Mademoiselle Delaunai de Staal au
chevalier Deménil, au marquis de Silly. 2
vol. in-12. Prix 5 liv.

OEuvres complètes de Sénecé, 2e édition,
augmentée de la critique des Mémoires du
cardinal de Retz, et précédées d'une Notice
historique et littéraire sur la vie et les ouv.

vrages de Malfilâtre, par M. Auger. 1 vol. in-12, papier fin, 2 f. 50 c.

Et papier vélin, 5 fr.

Le Chansonnier du Vaudeville, 1re année, pour faire suite aux *Dîners du Vaudeville*, par MM. Piis, Barré, Radet, Desfontaines, Armand-Gouffé, Laujon, Philipon-la-Madelaine, Dupaty, Bourguignon, etc. 1 vol. in-18, 1 fr. 80 c.

Et papier vélin satiné et cartonné à la Bradel, 4 fr.

Le Chansonnier du Vaudeville, 2e année, pour faire suite aux *Dîners du Vaudeville*, et par les mêmes auteurs que ceux de la 1re année. 1 vol. in-18. 1 fr. 80 c.

Et papier vélin satiné et cartonné à la Bradel, 4 f.

Le public distinguera aisément ce Recueil de Chansons inédites de ceux formés de divers couplets épars pris de toutes les pièces ou des Recueils qui ont déjà paru. Celui que nous annonçons est la véritable suite des fameux *Dîners du Vaudeville*, et par les mêmes auteurs.

Chansons choisies de M. de Piis, 2 vol. in-18,

18

papier vélin, avec le portrait de l'auteur.
Prix, 3 fr. 60 c.

L'Elève d'Epicure, *ou* Choix des Chansons de
Ph.-la-Madelaine, précédé d'une Notice sur
le Caveau, et suivi de plusieurs Contes en
vers. 1 vol. in-12. 2 fr. 80 c.

Les Jeux de l'Enfance, poème, par M. Rabo-
teau, membre de la Société Phîlotechnique,
2e édition, revue et considérablement augmentée. In-8º, 1 fr.

Analyse fondamentale de la puissance d'Angle-
terre, considérée dans son commerce et ses
ressources contre la France, par le traduc-
teur de *l'Histoire Britannique* de Plouw-
den. 1 vol. in-8º, 3 fr.

Directions pour la conscience d'un roi, com-
posées pour l'éducation du duc de Bourgogne,
par Fénélon, avec une notice sur Fénélon et
son ouvrage, par M. Auger. 1 vol. in-18,
papier superfin, 1 fr. 50 c.

Et avec le portrait de Fénélon, gravé par
Saint-Aubin, 2 fr. 50 c.

Tableaux comparatifs de l'Histoire ancienne, ouvragé adopté pour l'usage des Lycées et les Ecoles secondaires ; par Leprevost-d'Iray, censeur des études au Lycée impérial. 1 vol. in-fol., 3 fr.

Tableaux comparatifs de l'Histoire moderne, ouvrage adopté pour les Lycées et les Ecoles secondaires ; par le même auteur et du même format, 4 fr.

Mémoire qui a remporté le prix en l'an 10, sur cette question proposée par l'Institut national : *Quels sont les moyens de perfectionner en France l'institution du Jury ?* Par M. Bourguignon, juge en la cour criminelle du département de la Seine, substitut du procureur général près la haute cour impériale, etc. 1 vol. in-8ª, 1 fr. 80 c.

Second Mémoire sur l'institution du Jury, faisant suite au précédent, par le même auteur, 1 fr. 50 c.

Peters, ou *petit Chevrier*, par Lombard (de Langres), avec cette épigraphe :

> Sur leur république champêtre
> Régnait l'ordre , image des cieux :
> L'homme était ce qu'il devait être
> On pensait moins , on vivait mieux.
>
> GRESSET.

1 vol. in-18 , 2 fr.

Les Quatre Ages de la Femme, poème en quatre chants, par A. F. R. Teulières. 1 vol. in-18 , fig. de Moreau jeune. 2 fr. 50 c.

Mes Quatre Ages, poème en quatre chants, par J. M. Saint-Cyr Poncet-Delpech fils, avec cette épigraphe :

> Chaque âge a ses plaisirs, son esprit et ses mœurs.
> BOILEAU, *Art poét.*

1 vol. in-18, fig. de Moreau jeune. 2 fr. 50 c.

Eloge de J. F. Laharpe, membre de toutes les Académies de l'Europe , prononcé à l'Athénée de Paris, par Chazet. In-8° de même format que les *OEuvres de Laharpe*, et pouvant se relier avec le dernier volume de ses OEuvres. 1 fr. 50 c.

Le Mentor de la Jeunesse , à l'usage des écoles

chrétiennes, par Hubert W..... ancien évê-
que de ***. 1 vol. in-18. 1 fr.

Poésies de M. Augustin Blanchet. 1 vol. in-12,
superbe papier. 1 fr. 25 c.

COMÉDIES.

Anaximandre, *ou* le Sacrifice aux Grâces,
par M. Andrieux, comédie en un acte et
en vers, représentée sur le théâtre Français.
1 f. 50 c.

Le Jour de l'An, vaudevilles en un acte, par
M. Radet. 1 fr. 20 c.

Le Jaloux Malade, Comédie en un acte et en
prose, mêlée de vaudevilles, par M. Emma-
nuel Dupaty. 1 fr. 20 c.

La Parisienne à Madrid, comédie en un acte
et en prose, mêlée de vaudevilles, par M.
Maurice. 1 fr. 20 c.

La Métempsycose, comédie en un acte et en
prose, mêlée de vaudevilles, par M. Frédéric
Bourguignon. 1 fr. 20 c.

Folie et Raison, vaudeville en un acte, de MM. Chazet et Sewrin. 1 fr. 20 c.

Théophile, vaudeville en un acte, par M. Pain. 1 fr. 20 c.